ATH-AITHNE

Rugadh Màrtainn Mac an t-Saoir ann an 1965 agus thogadh e ann an Lèanaidh (Lenzie), baile beag faisg air Glaschu. Buinidh e do dh'Uibhist a Deas air taobh athar is tha ùidh air a bhith aige riamh ann an ealain na Gàidhlig. An dèidh na sgoile, thug e a-mach ceum dotaireachd ann an Oilthigh Obar Dheathain ann an 1988 agus choisinn e teisteanasan ann an Cuspairean na Gàidhealtachd agus nam Meadhanan aig Sabhal Mòr Ostaig eadar 1990 is 1992.

Tha Màrtainn air a bhith sgrìobhadh rosg o chionn grunn math bhliadhnachan a-nis ach 's e seo a' chiad chruinneachadh de sgeulachdan. Bhuannaich tè dhiubh, 'An t-Àite as Bòidhche fo na Neòil' a' chiad duais ann am Farpais Uilleim Rois ann an 1992, agus chaidh 'Geamaichean-Gaoil' a chraoladh air BBC Radio nan Gàidheal ann an 2000. Chaidh 'Whales' Hunger' a mholadh le breitheamhan Farpais Nèill Ghunna ann an 2002. Bidh e cuideachd a' sgrìobhadh bàrdachd is tha e ag obair an dràsta air leabhar bàrdachd a chrìochnachadh.

A bharrachd air sgrìobhadh, bidh e ag innse sgeulachdan do chloinn is do dh'inbhich, is bidh e a' seinn òran on dualchas.

Tha Màrtainn is a bhean Annmarie a' fuireach an Dùn Eideann còmhla rin dithis chloinne, Sorcha agus Iain Fhionnlaigh.

Ath-Aithne

Màrtainn Mac an t-Saoir

CLÀR

CLÀR

Foillsichte le CLÀR, Station House, Deimhidh,
Inbhir Nis IV2 5XQ Alba

A' chiad chlò 2003

Air a chur ann an clò Minion
le Edderston Book Design, Na Puballan.
Air a chlò-bhualadh le Creative Print and Design, Ebbw Vale, A' Chuimrigh

Tha clàr-fhiosrachadh foillseachaidh dhan leabhar seo
ri fhaighinn bho Leabharlann Bhreatainn

LAGE/ISBN: 1-900901-09-9

ÙR-SGEUL

Tha amas sònraichte aig Ùr-Sgeul – rosg Gàidhlig ùr do dh'inbhich a bhrosnachadh agus a chur an clò. Bhathar a' faireachdainn gu robh beàrn mhòr an seo agus, an co-bhonn ri foillsichearan Gàidhlig, ghabh Comhairle nan Leabhraichean oirre feuchainn ris a' bheàrn a lìonadh. Fhuaireadh taic tron Chrannchur Nàiseanta (Comhairle nan Ealain – Writers Factory) agus bho Bhòrd na Gàidhlig (Alba) gus seo a chur air bhonn. A-nis tha sreath ùr ga chur fa chomhair leughadairean – nobhailean, sgeulachdan goirid, eachdraidh-beatha is eile.

Ùr-Sgeul: sgrìobhadh làidir ùidheil – tha sinn an dòchas gun còrd e ribh.

www.ur-sgeul.com

Do Shorcha is Iain Fhionnlaigh, nuair a thoilleas an t-àm

Clàr-Innse

Duais on Dè dhan Diugh

Buidheachas

Bhiodh e fìor ri ràdh nach e rathad dìreach goirid air an d' fhalbh mise gu ruige ciad leabhar dhen t-seòrsa seo, ach fear a bha aig amannan car cuairteagach agus a choinnich toiseach is deireadh deannan bhliadhnachan na shiubhal. Ach 's e bu tlachdmhoire dhem thuras an liuthad caraide a choisich sgrìoban fada còmhla rium, no mura robh iad air chomas sin a dhèanamh, a thug a' mhisneachd dhomh am barrachd mhìltean a thoirt a-mach gu sunndach. Tha mi nan comain uile.

Bu thoigh leam taing shònraichte a thoirt dha na leanas: Raghnall Renton; Seumas Grannd; m' athair, Pàdraig Mac an t-Saoir; Eàirdsidh is Fionnlagh MacIllEathain; Iain Hughes nach maireann; Iain Mac a' Ghobhainn nach maireann; Nan is Anna NicLeòid; Tormod MacGillIosa is luchd-obrach Sabhal Mòr Ostaig; mo bhean, Annmarie NicRuairidh, agus a pàrantan, Peigi is Calum MacRuairidh; Mòrag NicLeòid; Dòmhnall Eàirdsidh Dòmhnallach nach maireann; Lachlainn Dick; agus gillean na Forth Stanza.

Bu thoigh leam cuideachd urram mòr a nochdadh dhan fheadhainn sgileil seo a thug cuideachadh nach bu bheag dhomh leis a h-uile sìon riamh a bha fuaighte ris an leabhar fhaighinn an clò:

Iain MacDhòmhnaill – airson a' bhrosnachaidh a thug e dhomh thar trì bliadhna agus airson na comhairle prìseil is na h-obrach sònraichte a rinn e air an teacsa.

Mòrag Stiùbhart – airson a beachdan feumail, tùrail air brìgh nan sgeul.

Máire NicilleDhuibh – airson a h-uile cromag a chur ceart is a chur na h-àite fhèin san teacsa.

Raghnaid Chraig – airson an dealais leis an do ghabh i ris na sgeulachdan agus a sàr-ealantais ann a bhith a' cruthachadh ìomhaigh a' chòmhdaich.

James Hutcheson – leis mar a thug e gach nì air leth gu chèile airson còmhdach fìor shnasail a dhealbhachadh.

Aonghas MacNeacail – airson a bhriathran làidir, togarrach, coibhneil aig toiseach an leabhair.

CLÀR – airson an leabhar fhoillseachadh.

Agus mu dheireadh bu thoigh leam spèis a chur an cèill do John Storey, a shaothraich gu h-eudmhor gus an sgeama Ùr-Sgeul seo a bhuannachd. Nì obair ionmholta-san cinnteach gun tèid grunn leabhraichean rosg fhoillseacheadh thairis air a' bheagan bhliadhnachan a tha romhainn. Abair brosnachadh do sgrìobhadh na Gàidhlig! Tha mi a' dèanamh fiughair rin leughadh uile.

Màrtainn Mac an t-Saoir, 2003

Ro-ràdh

Màrtainn Mac an t-Saoir? An lighiche? Am fear a rinn cùrsa aig Sabhal Mòr Ostaig? An t-actair a b' àbhaist dhuinn fhaicinn air *Machair*? An trusadair airgid airson Tobar an Dualchais? Agus a-nise cruinneachadh sgeulachdan bho fhear dhan ainm Màrtainn Mac an t-Saoir. Nach iad a tha lìonmhor! Ach chì an leughadair a ghabhas sgrìob tron leabhar seo gur ann lìonmhor ga-rìribh a tha sùil, mac-meanmna agus saoirsneachd bhriathrachais an ùghdair seo.

Rugadh an duine ioma-phearsach seo ann an Lèanaidh, baile beag air iomall a tuath Ghlaschu. Leis gu robh athair às Uibhist a Deas, bha Gàidhlig na eòlas bho òige, ga fhàgail dàimheil dhan dualchas às an do thog e na h-òrain a bhios e a' seinn agus na sgeulachdan a bhios e ag aithris san là an-diugh.

Gheibhear a bhuil anns na sgeulachdan a tha rin leughadh anns a' chruinneachadh a tha seo. Tha cainnt shultmhor agus siùbhlachd smuaint nam beusan comharrachaidh air mar a tha an sgrìobhadair freumhaichte anns an dualchas. Tha an dòigh anns a bheil e a' leigeil chriomagan fiosrachaidh às – mar gum b' ann air thuiteamas, ach gu fìrinneach nan tuairisgeulan mionaideach – gam freumhachadh anns an t-saoghal làitheil, is a' fosgladh an ciall mar bhlàthan, a' dèanamh rud leugach, deàlrach dhen t-saoghal sin. Nì e dealbh de charactar no de thachartas ann an abairtean fìnealta teann a tha a' fàgail am fìrinn a' dannsa air a' chuimhne.

'S e, 's dòcha, as iongantaiche mun leabhar seo cho eugsamhail 's a tha cuspairean, agus suidheachaidhean, nan sgeul: tha an sgrìobhadair – agus mar sin an leughadair – cho socair, mothachail, comhartail, ann an cultar muinntir eile 's a tha e na dhualchas fhèin. 'S ann mar sin a tha e gar treòrachadh a-staigh do chùisean dhaoine eile ann an dòigh a chuireas ri ar tuigse air ar beatha fhèin.

Tha smachd àraid aige air cànan 's air cnàimhneach a sgeòil: tha gleus a chainnt a' gluasad gu nàdarra bho chonaltrach gu bàrdail, cuid gu doimhneachd, cuid gu eirmseachd, cuid a bheir d' anail air falbh. Faic an dòigh anns a bheil e a' cleachdadh fhaclan is ghnàthasan (agus e a cheart cho ealanta anns a' Bheurla): far a bheil fuirmealachd anns an t-suidheachadh, tha a chainnt cho fuirmeil 's a tha dhìth, agus gnàthail far a bheil sin iomchaidh. Nuair nach eil dùil ris, bidh e ròlaisteach no so-fhìrinneach. Lìonaidh e do cheann le lasgan no tòimhseachain.

Eadar manaidhean is taibhsean an dualchais, tachartasan àbhaisteach no aingealta a tha a' bontainn do dh'àm sam bith agus innleachdan an là an-diugh, nì na sgilean a tha Màrtainn Mac an t-Saoir a' cur an cèill an seo cùmhnant le mac-meanmna an leughadair a dh'fhàgas clisgidhean tlachdmhor air a chuimhne fada an dèidh dha an leabhar a leughadh.

Aonghas MacNeacail, 2003

Cogaidhean is Cogaisean

Sùgradh san Eadar-Sholas

Feitheamh air a shocair, teas an dà sgillinn leis an robh a làmh dheas a' cluich na chomhartachd shìmplidh dha. Oirean cruinn' orra cho mòr air an cnàmh is gu robhar an impis spitheagan cunnartach a dhèanamh dhiubh. Saoil cia mheud duine a bha air an suathadh san dearbh dhòigh, a' sìor gheurachadh iomlaid am pòca air sgàth eagail no cion na misneachd? Bha an dian-obair air a' bhrùidealachd àilgheasach a dhrùdhadh far aghaidh Bhictoria, is gun air fhàgail dhith a-nist ach ìomhaigh fhann a bha cho crìon ris a' chòrr. Abair thusa caraidean, an t-ioma fear is tè roimhe nach b' aithne dha, a thug air Banrigh nam Bànrinn taic *agus* coibhneas a shealltainn dha – ge b' oil leatha.

An aon riaghladair a bha air an sinnsearan òga a chur gu fodar fuar ann an dùthchannan teithe thall thairis, cuimhnich. Ach a dh'aindeoin nan ceithir bliadhn' deug o thuit a crùn marbh far a cinn, bha a grèim air leithid Dhòmhnaill a cheart cho teann. Cho teann is gun fheumte deagh threis a thoirt air a slìobadh mun creideadh amharas an eanchainn na bha bàrr nan corragan a' brath oirre.

"'S e faileas a th' innte. Faileas a tha air thuar a bhith falbh."

Car neònach esan a bhith ann a shin, ge-ta, a' monbar is a' meòrachadh. Na shuidhe gu modhail, leis fhèin, air seidhsidh mhòir dharaich am broinn bùth dhealbhannan an ceann a deas Shasainn. Feitheamh gu foighidneach a bha e, gu 'n rachadh ìomhaigh fhèin a bhuan-chlàradh le draoidheachd an t-salainnairgid. Cairt-phuist a bhiodh ann dheth air a' cheann thall. Cairt thiugh a chàiricheadh iad gu sgiobalta ann am frèam am Barraigh mun cuireadh tòrachd na beatha diomain gaoid na aghaidh òig.

Bha dithis eile ann roimhe, agus 's e gun èighte ainm-san nan làthair is gun iarradh iad gu bruidhinn ris a b' adhbhar do thurtar a chridhe na bheul. Dithis shaighdearan òga às a' Ghàidhealtachd, Leòdhasaich bha e an amharas, a bha seasamh an dràsta mar a dhèanadh esan an ceartuair, rag reòthte mu choinneamh a' bhogsa dhuibh an dòchas gur e làmh fhialaidh a thilgeadh a' bhoillsge dhallanach orra. 'S dòcha gun coinnicheadh iad nuair a chruinnicheadh feachdan na Fifteenth còmhla an campa Rushmoor a-màireach. Math dh'fhaodte nach coinnicheadh gu bràth. Fàgadh e sin aig freastal.

Cha robh e air bruidhinn an dòigh cheart ri duine, duine beò, o thog trèan Mhalaig oirre o chionn còig latha. Beò ann an saoghal dìomhair dha fhèin. Dìomhaireachd nach deach bristeadh a-staigh innte ach a-mhàin airson tiota nuair a shìn e faclan airson a mhàthar do chaillich nan teileagram. "Safe in Aldershot today. Fit for France. Your loving son Donald."

Ach chaidh maoidheadh air an tèarmann sin a-rithist, nuair a bhrist guthan àrda nam balach a-mach às an t-seòmar-dhealbh os a chionn is a thàinig iad nan ruith-rùisgte sìos an staidhre dha ionnsaigh. Stad iad gu grad an taobh a-muigh an t-seòmair-feitheimh is iad ma b' fhìor mothachail no iomagaineach mu rudeigin. Chaidh aig Dòmhnall air farchluais a dhèanamh air an t-sàmhchair eatarra. Bu cheòlmhor i: sgath ach sùilean ri glaodh is gleadhraich. An ceann a dhà no trì dhiogan mòra, theann iad air bruidhinn a-rithist, is mura b' e a' mhùiseag, bha an gearradaireachd air faoineas an dealbhadair air gàire mòr a thoirt air.

"Feagalach, tha thu ag ràdh, a Thormoid! Ma nochdadh an duin' ud san fhàrdaich againn, 's e ag ràdh ri muinntir an taigh' gum b' e dhleastanas ar pioctaran a thoirt thuca e fhèin, 's ann a shadadh am bodach a' chailleach air a ghlùin sa bhad, gun fhios nach tigeadh air a thòin a thogail far na being."

"'S mathaid gun cuireadh iad sìos a thaigh Theàrlaich air chèilidh e!"

Dithis Ghàidheal òga, nan seasamh taobh a-muigh an dorais aige, ri bùirt chridheil, agus esan, caraide dhen aon chraoibh, bog balbh gun chothrom nan cas.

Air a lathadh romhpa sin a bha e, cho saoirsneil is a bha iad an taca ris-san, cho fosgailte. Ma bha eagal idir orra, bha iad ga dheagh chleith.

Tha fhios nuair a thigeadh e còmhla ri càch a-màireach, nam biodh iadsan nam measg, gum fairicheadh e na b' fheàrr leis gun do chuir e eòlas orra, ged a b' ann gun fhiosta dhaibhsan sin. Ach airson an dràsta, 's e dh'fheumadh tachairt ach gum falbhadh na gillean gun an còrr dàlach, mun gairmeadh Stanley Evans na ghuth beag binn.

"I'll be having Private Donald MacLeod now, if you please."

Bha an saoghal-falaich aige fhathast cruinn mar na buinn-airgid, is bu shochair sin dha, a' dìreadh na staidhre-fiodha chun na stiùidio.

"Well, well, Don, Private Donald MacLeod – another lovely kilt. Does Dad have a farm in Barry? This way now, Don, that's super. Chins up, smiles down!"

"Barra!"

"Yes, Barra. Anywhere near Lewis? Just had a pair of entertainers from there before you, in fact. You would have met them on their way out. A little burly for my liking – still, wonderful swishy kilts."

"I used to think that Lewis was in another part of the world, but it is actually very near Barra. Have you heard of the Hebrides?"

"So enchanted, so exotic. Tell me a story about a real strong Highland Chief in a real romantic castle."

Thuig Dòmhnall nach ann buileach dha fhèin a chaidh an cuireadh a thoirt, is cha do rinn e oidhirp air MacNìll a ghlòrachadh.

"Now, Don, shoulders back, my Scots loon. What we need now is a strong confident look on the old phizog – not quite that much – you're almost aggressive there, Don. It won't do at all to frighten wee Grannie MacLeod. Now, that's more like it, much better. A fine soldier laddy off tae win the war. Still now. Keep that stillness. Keep it clean. Gorgeous."

Reoth esan an sin cuideachd, fad ràithe shaoil leis, a' dèanamh euchd, an aon ghnùis a bha còrdadh cho mòr ris an fhear ait seo a chumail gun sgàineadh air aogaisg ghil.

'S fheudar gu robh fios aig na dealbhadairean-cogaidh dè bha dhìth orra aig an dachaigh. B' e sin an obair, nach b' e, an t-aodann ceart a chruthachadh? Thug Evans an aon ghealladh do Dhòmhnall 's a thug e dha na balaich Leòdhasach.

"Now, you give me your mom's address, Don, and if I can't deliver her beloved son's photograph to her personally, I'll send it 1st Class the minute that postcard is in my hands, my boy. And don't you worry: I'll post another two copies to your Battalion –

you'll have to have something to ease the pain of those broken French hearts. I'll miss you, Don."

Nach annasach mar a ghabhas cridhe a thogail. Bha Stanley Evans Esquire is a dhòighean sodalach air Dòmhnall fhàgail an triom gu math na b' fheàrr. B' fhiach e a h-uile sgillinn dhen dà thastan a thug e dha airson nan sia cairtean-puist. Trì gu a mhàthair am Borgh, tè gu a sheanmhair an Tangasdal agus na dhà a chuireadh Evans thuige ann an Loos.

Mun àm a gheibheadh e iad, 's beag for a bhiodh aige air dealbh no dealbhannan, is dachaigh nan trainnseachan gun chagailt air an rachadh an cur gu sàbhailte. Bhiodh iad coltach ri parsail-chaorach a' tighinn on taigh. Rud a bhuineadh do shaoghal eile, saoghal neulach na sìthe, seach saoghal ro shoilleir nan saighdear.

Bha e a' tuigsinn carson a bha an dithis eile an sunnd cho math a' fàgail na bùtha. Chaidh aig Evans na chòmhradh baindidh air inntinn nam fear òga a ghluasad gu tur o na bha romhpa, agus an cuid eagail a chur air dìochuimhne. 'S ioma fear nach tilleadh. Mar sin, b' ann an urra ris-san a bha e an ìomhaigh mu dheireadh aca (do mhòran, an ciad dealbh riamh) a tharraing air dòigh 's gun innseadh i sgeul na h-òige neoichiontaich, ach am barrachd mòr mu na bliadhnachan nach fhaigheadh iad ach ann an ionndrain an luchd-gaoil.

Mar a leig an òigridh leis an glacadh cho toileach ann an riochd fear-cogaidh, 's ann ri Evans cuideachd a bha e an urra, feumaidh, doras blàth imleagach na dachaigh a dhùnadh orra, gun deargadh fala.

Bha e cho sgileil is gur gann gu robh an cuspair sin a' beantail do bhonaid is fèileadh Dhòmhnaill Seònaid, is iad ga ghiùlain gu pròiseil air prìomh shràid Aldershot a dh'ionnsaigh an taigh-loidsidh. Nach b' e fhèin an duine. 'S ann a bha an t-èideadh coimheach ro dheònach e fhèin agus mòran eileanach òga a bhrosnachadh san aon dòigh. Dh'fhalbhadh an imcheist aca no rachadh a cur an cèill mar gum buineadh iad do threubh eile: treubh Cheatharnach Gàidhealach.

An aon rud, 's dòcha, a dh'fhaodadh a bhith air a bharantas sona a sgròbadh, 's e am broth tachasach a bha air nochdadh air a shliasaidean, an dèidh dha bhith fuireach san aon àite cho fada do dh'Evans. Ach leis an roid mhoiteil a bh' air an ceartuair, bha gu leòr gaoithe a' sèideadh gu bàidheil air na lotan a rinn ìnean fhèin agus a' togail phunnd às a' chlò.

Bha an taigh san do thagh e a dhà oidhche mu dheireadh air 'Civvy Street' a chur seachad mu mhìle a-mach às a' bhaile, is an dèidh dha a shaorsa a bhuannachd bho Evans is calan nam brògan tacaideach a leigeil air feadh a' bhaile-airm seo fad greis, thàinig e a-staigh air nach robh cabhag tilleadh idir air. 'S e an t-acras an aon rud a bha cur iomnaidh air.

Choimhead e air uaireadair: ceithir uairean feasgar. Cha robh e air grèim ithe bho chuir Mrs Wilde na trì uighean mu choinneimh aig ochd uairean sa mhadainn. Bha cafaidh bheag car snog aig ceann a-muigh a' bhaile, dhan tug e an aire nuair a bha e a' coiseachd a-staigh na bu tràithe. Cha do leig buidheachd nan uighean uaine tunnaig leis a dhol an gaoth a' chlàir-bhìdh san uinneig.

Bha a' chafaidh fosgailte. Taing do Shealbh. Gu leth-uair an dèidh a còig. Ghabh e na fàileadh tiugh gealltanach, is shuidh e gun uallach.

Thàinig barailte boireannaich a-nall thuige sa mhionaid, is

chuir i am bòrd air dòigh do dhithis – mar gu robh cuideigin eile an sin còmhla ris seach e a bhith na ònar, no feitheamh cuideigin tighinn.

O dh'fhàg e an taigh cha robh iarraidh sam bith aige air duine bhith còmhla ris ach e fhèin, ach aig an dearbh àm sin b' fheàrr leis gu robh cuideachd aige. Bha e a' faireachdainn gu math mì-nàdarra a' suidhe ann a leithid a dh'àite leis fhèin. Seo a' chiad uair, 's e gu bhith fichead an ceann mìos. Bha e an dòchas, ged a bha aire-san air fhèin car tuilleadh 's a' chòir, nach robh sin cho faicsinneach dhan fheadhainn eile san taigh-bhìdh. Cha robh mòran dhiubh sin ann co-dhiù.

Saoil am bruicheadh iad dinnear dha? Cha dèanadh tì is bonnaich an gnothach a-nist. Bha a stamag ga h-ithe is cha dèanadh feum dhi ach truinnsear mòr biadhail.

"How can I help you, love?"

"Do you have any warm food?"

"As much as you like."

"What do you suggest?"

"Well, I have lovely pies, fish, of course, what else now . . ."

"It all sounds very fine. You choose."

"I'll arrange you a banquet, my love."

Dh'fhalbh i cho sgioblta 's a thàinig i, a' fàgail Dhòmhnaill air ais na thost sàbhailte. Thug e sùil air na bh' air a' chlàr-bhìdh feuch an tomhaiseadh e dè na rudan a choisneadh an cur dhan bhanquet. Leis mar a chaidh e an sàs sa ghèam, cha do mhothaich e idir dhan bhoireannach òg dhonn a thàinig a-staigh is a shuidh aig a' bhòrd ri thaobh.

'S e guth mòr 'Barailte a' Bhìdh' a dhragh e às a bhruadar.

"Can't go wrong with Cottage Pie, I'd say. Put a few kidneys from the Steak and Kidney on the side for you as well. You men need nourishment."

Thug e sùil suas airson taing a thoirt dhi mun tilleadh i dhan chidsin. Ach cha robh coltas carachaidh oirre. Seo tè dham b' aithne balaich a lìonadh o chionn ioma bliadhna. 'S e brùchd mòr na broinneadh an aon rud a dhearbhadh dhìse gu robh i fhathast an ceann a cùise. Bha làn na forca de mhions, buntàta pronn agus peasairean a' sleamhnachadh seachad air a mhuineal nuair a chuimhnich e gur e Dihaoine a bh' ann.

"Doirbh uaireannan, nach eil, taghadh ceart a dhèanamh?"

Bhuineadh a' chainnt bhrèagha dhan tè dhuinn a bha air a bhith suidhe aig a' bhòrd ri taobh is a bha a-nist a' tilleadh thuige o chùlaibh-san.

Ciamar a bha fios no forfhais aice air na smaointean a bha dol thro cheann? An robh aodann cho furasta sin a leughadh? An robh i air a bhith ga sgrùdadh fad na h-ùine a dh'fhan an tè reamhar, feuch an tachdadh e? Air neo an robh i a-mach air rudeigin gu tur diofraichte? 'S e bha coma. Bha i àlainn. Teans gur e ban-Fhrangach a bh' innte.

'S ann air sùilean a' 'Bharailte' thall mun chunntair a laigh amharc a cheistean. Bha an aon ghàire fosgailte oirre, ach chan fhaiceadh e idir ag atharrachadh e an turas sa. Bha e steigte oirre, is bu choltach, nan sracte dhith e, gur e saill ghrod a gheibhte foidhe. Seargadh aingidh na h-aoise.

Dhall e air a' Chottage Pie gus an robh e ullamh, agus cha do chòrd blas feòla riamh cho math ris.

"Chan ann dubh is geal a tha e daonnan, an ann?" ors an aon ghuth tlachdmhor, a' coileanadh a dhòchais gun cluinneadh e tuilleadh bhriathran bhuaithe. Bha an dòigh anns an robh an tè sa a' labhairt air leth annasach, ach leis cho ceòlmhor, uidealach is a bha gach facal air an sìomanadh na chèile, dh'fhaodadh i bhith air a sheanmhair is a sinnsearan roimhpe a dhubh-chàineadh gun a bheag a dh'oilbheum. Seadh, na faclan, fuaim nam facal, mar a sheinneadh i 'dubh is geal'. Blàths. Dè nach robh dubh is geal?

Bhiodh na dealbhannan a chuireadh Evans dhachaigh dubh is geal. Cha shealladh iad idir dathan treuna nan Camshronach na fhèileadh, no fiù 's an rudhadh na aodann; aiteamh a chuid eagail a leagh ro luath fo theas nan solas agus mil-bheul an dealbhadair.

Chaidh e beagan air chrith agus thill cuid dhen teas na bhusan. Bha e mar gu robh e fo chiont no casaid ach gun sgath a dh'innseadh dha gu dè a b' eucoir.

'N ise a bh' air an sgràths a chur air? An robh e air e fhèin fhoillseachadh dhi, na bha fon t-sligidh chruaidh Ghàidhealaich? Sin e, sin e dìreach, Evans a bh' ann. Sin obair an t-snèag bhig ghràinde, sligean nam fear-cogaidh a ghoid bhuapa gun fhiosta dhaibh, gam fàgail lomnochd is fosgailte agus òg.

Thàinig cràdh air os ìseal is bu mhiann leis falbh. Bha am blàths air a dhol na losgadh-bràghad uabhasach an smior a mhaothain.

"Tapadh leibh," thuirt e rithe. Na h-aon fhaclan gun dòigh a thàinig, is e strì ri dùnadh sàbhailte a chur air na faireachdainnean a bha ruith eatarra, is a' fanaid airsan gun truas.

"Shaoil mi gum b' Albannach thu, is an t-aodach sin ort," ors ise, a' togail a cupa bhuaipe às an t-sàsair.

"'S e Albannach a th' annam. Fìor Albannach." Rannsaich Dòmhnall a dhà phòcaid-bhroillich airson nam Players. Bha còir aca bhith san dàrna tè. Dè an còrr a bha Evans air a sgobadh bhuaithe gun fhios?

"'S ann a tha a' bhruidhinn agad nas coltaiche ri Èireannach."

Las i a siogarait fhèin is an uair sin chuir i a pacaid gu iomall a' bhùird, a' tabhainn tè airsan.

"'S dòcha mas ann le cluais Fhrangaich a tha thu ag èisteachd."

Thug sin gàire oirre is thuirt i, "L'oreille française des dames galloises."

Thug e an toiteag às a' phacaid aice, chuir e gu oir a bheòil i, is gu faiceallach, gun chabhag idir air, las e maidse, a' feitheamh an dà dhiog gu 'n gabhadh i ceart, gu 'm faiceadh e a shùilean am meadhan an lasraich. An sin, rinn e garadh oirre, mar gum b' e stoirm on ear-thuath a bha a' sgaladh a-staigh air uinneig na cafaidh, is gun aige ach an aon mhaidse sin mun coisicheadh e an còig mìle dhachaigh bho dhannsa sa Bhàgh a Tuath. Dh'fhairich ise gur ann a' coiseachd air falbh bhuaipese a bha a chuid smaointean.

"Cha robh mi ach ri spòrs, cus bòst orm. 'S ann às a' Chuim-righ a tha mi, à Caernarfon. Sin uile a bha mi ag ràdh."

"Tha ur cànan fhèin agaibhse, nach eil."

"Tha. Tha gu dearbha. Bu thoigh lem athair gu robh mi na b' fheàrr oirre, ach dè nì thu?" Bha a bilean dèante air fìon dorcha dearg, abaich airson òl.

Bha Sara – sin an t-ainm a thug i dha – air tighinn gu Aldershot o chionn dà sheachdain a dh'fhuireach còmhla ri bràthair a màthar a bha na mhaighstir-sgoile anns a' bhaile. Bhiodh i tighinn ann a h-uile bliadhna, ach cha b' àbhaist dhi bhith aca cho tràth ris an Iuchar. A rèir na dh'inns i do

Dhòmhnall, bha am bodach car doirbh dheth fhèin – is mura b' e a bhean, Aunt Sally, a bha cuideachd às a' Chuimrigh, bha e air Sara a chur às a ciall.

Smaoinich Dòmhnall air an Sgoilear Bhàn, Matheson, am fear mu dheireadh a dh'fheuch ri foghlam a bhualadh na cheann le iochd nan dòrn. Seachdain còmhla ris a' bhurraidh sin, cò air a bhruidhneadh iad? Àite nam Barrach air map na h-Ìompaireachd Breatannaich? Agus a' bhean ud, an Leadaidh Shuarach – Dhia nan gràsan, 's i bu bhuirbe dhen dithis.

Bhiodh Sara a' tilleadh dhachaigh a Chaernarfon an ceann trì latha. Cola-deug de làithean-saora, nach robh idir cho saor, gus teirgsinn oirre.

"Sàrag – sin na bhiodh againn ort a-staigh. Tha dithis dhiubh faisg oirnn. Sàrag Bheag agus Sàrag an Ràcain."

"Dè bha siud?" – ùidh a' liùgadh tro fhiaclan geala. "Sàrag Bheag agus Sàrag an Ràcain." An t-oideachadh a' còrdadh ris. "Seadh, an dàrna Sàrag, chan i an tè bheag nach eil idir cho beag an-diugh. 'S e an Ràcan a their iad ri h-athair – bha e cho caol ri clobha nuair a bha e na chnapach."

"Tha e fhathast caol," theab e a ràdh.

Thàinig dà shealladh na chuimhne. Esan is an Ràcan is Iain Bàn a' rusgadh chaorach an Alathasdal, agus an t-iongnadh a ghabh e leis cho mòr is a dh'at na ruigheanan air fear cho meanbh. Cha bhiodh e ach a' caitheamh bhuaithe nan òinseach mar gu robh e air an fheòil a ghearradh asta le a dheamhais ghèir.

Agus cho aog 's a bha aodann an dearbh fhir san t-seachdain mun do dh'eug e. Na shìneadh air leabaidh a bhàis, a' sìor chaith-eamh bhuaithe na smugaid anns an robh an fheòil aige fhèin.

Nochd boireannach na cafaidh ri taobh a' bhùird gun rabhadh is chuir i aislingean air thurraman. Bha an guth aice mì-chàilear leis a-nist, seach mar a bha e nuair a thàinig e a-staigh. Bha e air dìochuimhneachadh gu robh e ann a Hampshire. Bha an tè mhòr thoilichte a cheart cho laghach ris-san, ge-ta.

"You'll share a pot of tea with Sara, I hope. Happen you could both be doing with a brew!"

'S ann ag òl na tì sin, cupa an dèidh cupa à poit chòir, a chuir Dòmhnall agus Sara eòlas na b' fheàrr air a chèile. Thog Dòmhnall a Ghlengarry is ghluais e a-null gu bòrd Sara, a bha na bu ghiorra dhan uinneig. Shuidh iad mu choinneamh a chèile a-staigh is air beulaibh an t-saoghail mhòir a-muigh.

Bha an t-uisge air tòiseachadh, is thug iad treis eadar a bhith còmhradh ri chèile no dìreach a' cnuasachd muinntir a' bhaile a' leum is a' mireadh is a' tighinn faisg fo sgàileanan dubha – an fheadhainn aig an robh iad.

Bha iad sin gu math na b' aighearaiche nan ceum na bha an fheadhainn eile – fir bu mhotha dhiubh – aig nach robh aon iarraidh ach dìreach air dachaigh sheasgair thioraim. 'S dòcha leth-uair no còrr san dìle sin romhpa, an coilearan is guib an ceap a' coinneachadh is a' teicheadh o chèile ri buille chabhagaich nan cas.

"Sorry to interupt such a beautiful moment, I'm sure," dh'èigh 'am Barailte' is i cha mhòr a' bòdhradh cluas Sara. Thug Dòmhnall leum às, a chuir fairis na duilleagan-tì a bha am bonn a chupa. "It's just I've had the closed sign up for 'bout forty minutes now. Me old man'll be pacing the floor. Still, bit of starvation never killed nobody. Make 'em 'preciate their grub all the more."

"Seall an uair," orsa Dòmhnall. "A quarter past six. Bidh iad gad ionndrain an sin, Sara."

"Cha bhi a-nochd. Cha bhi iad a' tilleadh gu anmoch. Mura b' e sin, cha bhithinn an seo. Ach tha thu ceart: bidh mi air deireadh mura greas mi orm."

"Agus sin agad e." An t-aithreachas air sa mhionaid airson a bhith cho amasach gu bruidhinn.

"Mura toigh leat bàrdachd, tha eagal orm gur e a-nochd."

Bha i air a còta trom liath a dhùnadh is i a' ceangal a' chrios mu timcheall.

Bha an seòmar sam biodh an oidhche bhàrdachd ga cumail beag agus dorcha. Cha b' urrainn do Dhòmhnall rèiteach na inntinn dè an rud bu mhiosa: samh geur nan trì lampaichean gas a bha nam boil is ag aoidion, no fàileadh na dampachd ag èirigh far nan còtaichean mòra fliucha. Cha robh duine air an cur dhiubh: bha iad am falach annta ann an dòigh 's gun saoileadh tu gu robh mullach an talla a' dol a dh'fhalbh dheth uair sam bith.

Bha an campar, an dampachd, an gas agus fallas na tè mòire air a bheulaibh, a bha air ruith suas an staidhre nuair nach bu chòir dhi, gus a chur ann an laigse. A Bhochain a Mhìn, ach gu dè a bha iad a' cur am bainne Aldershot? Chan e nach robh e eòlach gu leòr air na fàileadhan. Nach iomadh uair a shuidh Bean Phàdraig ri thaobh an Eaglais Bhaile na Creige no air consairt san Sgoil. Ach bha iad diofraichte an seo. An robh iad air an cumail a-staigh na b' fheàrr aig an taigh? Bhiodh an t-sìde is na togalaichean ìseal a' dèanamh cuideachaidh leis a sin, 's cinnteach. Ach bha rud eile ann a dh'fhàg am fàileadh mun cuairt air na daoine seo na bu ghuiniche. Bha e seòladh os cionn an t-salchair mar dhuilleagan pionnt a' fàs aig lòn bainne ri sìde tholgaich. Sin scent. A dhà no thrì dhiubh, milis agus geur, a' comhadach air a chèile is a' gabhail dha ugainn chlaoidhte.

Mar a bha an gnothach air a chur air dòigh, bha aig feadhainn a bha a' smaointinn gum b' fhiach am bàrdachd a leughadh rin ainm a chur sìos an toiseach. Rachadh iarraidh orra sa chiad leth (sianar a ghèill do chumhachd an cuid ealain) dà phìos a thairgsinn dhan t-sluagh, agus bha aig càch, Dòmhnall Seònaid le Sara ri thaobh nam measg, ri sealltainn cho mòr 's a chòrd iad riutha.

Dh'ionnsaich e, an dèidh dhan chiad dhà no thrì a bhodaich an amhaich a chlìoradh is rabhd mu nàdar a chur fan comhair, gur e bualadh-bhas làidir ach goirid bu fhreagarraiche dhaibh-san. Nan robh an dàn air tighinn gu crìch le fruis, bu dòcha gum faodte 'Bravo' bheag a leigeil a-mach, am meadhan a' ghàirdeachais seo.

Dha na boireannaich – is cha robh ach dithis aca dàna gu leòr an ruinn òir a leigeil am follais (gu mì-fhortanach cha robh an tè reamhar air a bheulaibh air tè dhiubh sin) – bha e modhail osna bheag cho-fhaireachail a leigeil a-mach bho cheann a' luaisgeadh sìos is suas co-dhiù trì uairean. Cha robh uimhir a bhrag na bu mhotha anns an toileachas a dhèanadh an lamhan riutha, ach mhair e na b' fhaide, mar gum biodh a' toirt misneachd agus taing dhaibh a chionn iad a bhith cho fiùghantach.

Smaoinich e air òrain Catrìona Iagain Sheumais, cho èibhinn 's a bha iad, gan gabhail gun dragh, agus fuinn orra a bheireadh ort an togail leatha. Cha robh e ach amharasach mun ghabhail aice a gheibheadh ise on dà fhichead neach ghruamach seo. Ged nach tuigeadh iad na faclan, bha fhios nach b' urrainn dhaibh gun ghàireachdaich còmhla rithe – a h-aodann mòr a' spreadhadh aoibhneis, na deòir a' sileadh bho shùilean a rinn ioma sileadh roimhe. Saoil dè a' bhuaidh a bhiodh aig dol na caillich sin air seòl na h-osnaich aca?

Thog e làmh Sara na làimh chlì am meadhan a' chiad dàin aig a' bhodach mu dheireadh, *Sorry Surrey Sunshine.* Ise a chuir bàrr a meòirean eadar altan a chorragan-san. Rud nach do rinn nighean riamh reimhid air. Bha i gan obrachadh eadar sin agus feòil a bhoise, ga h-altram, ga fàgail caoin.

"Seadh, a Dhòmhnaill Seònaid, de shaoil thu dhen a sin, matha?" dh'fhaighneachd i, a' cur briosgaid le càise air truinnsear dha.

"Cha robh e . . . bha feadhainn aca glè mhath." Rinn modh magadh air an fhìrinn.

"B' fheàrr leam nach robh an t-èideadh seo orm," ors esan. "Tha mi a-nist a' faireachdainn cho trom ann."

"Tha bàrdachd gu leòr agaibhse, ge-ta, nach eil?"

"Tha gu dearbha fhèine, uaireannan tuilleadh 's a' chòir. Tha mi dìreach cleachdte ri bhith ga cluinntinn an dòigh eile."

"Bheil fhios agad gu bheil Comunn Bhurns ann an Caernarfon? Thug m' athair mi gu dìnnear a bh' aca. An aithne dhut *The Address to the Haggis*?"

Cha b' aithne do Dhòmhnall dad de bhàrdachd Bhurns no Scott, is nam b' aithne, chan aithriseadh e aon fhacal dhith. An Sgoilear Bàn fhathast ga ghualadh – an saighdear mòr Gàidhealach air a rathad gu cogadh an aghaidh nan Gearmailteach.

"Dè chanadh tu," ors ise, nuair a bha na fir is na mnathan uasal cha mhòr uile air tilleadh dha na sèithrichean aca, "nan rachainn suas a sin is gun cuirinn a-mach mo chuid ramachdan fhìn orra?"

"Chanainn gu robh thu tapaidh agus dh'èistinn airson nam pìosan nach robh dubh is geal."

'S e bodach eile, fear nach do bhruidhinn cheana, a dh'inns dhan èisteachd urramaich gur e dìreach aon bhàrd, Sara, a bha a' dol a leughadh san dàrna leth.

"We are most pleased – I should say, honoured." Bha a theanga ro mhòr airson a bheòil. "Tonight we will hear from one of Wales's most promising young poets. In fact we can almost claim her as one of the family, being as you all know, the niece of Dr Alwyd and Mrs Sally Jones, who would of course have been with us tonight had they not been called away suddenly this morning."

Choimhead Dòmhnall oirre le gioraig, an clàr an aodainn; cha robh freagairt idir na sùilean-se dha, no le beul a-rithist.

"Ladies and Gentlemen, I present to you the winner of the 1914 Welsh Open Literary Competition . . ."

Cha tug i leabhar no pàipear leatha suas dhan chùbaid is sheas i dìreach, a lamhan air an leigeil gu comhartail ri cliathaich a dreasa dubh sìoda.

Bha a bàrdachd eucoltach ri rud sam bith a chuala e gu sin. Sheinn an cànail àraid seo dha agus bha na h-eadar-theangachaidhean glan soilleir. Faclan a thuigeadh e, dealbhannan a chitheadh e. Gu tur diofraichte o bhàrdachd a chluinneadh e am Barraigh, ach coma sin. Ghabh Sara còig dàin an sreath a chèile. Bhiodh còig no sia a cheathramhan anns gach fear. Thàinig i an uair sin far an àrdain is shuidh i sìos mar gu robh i air a bhith ag òl cupa tì eile.

Ged a shuidh, chum a bàrdachd oirre, ga shìor ruith. An toiseach bha i air aghaidh is air a mhaol a' bruthadh a-steach air eanchainn, is an uair sin dh'fhairich e i a' gluasad throimhe gu cùl a chinn is ag èaladh sìos eadar freiceadan a chnàimh-droma.

Nan siubhal chaidh na faclan fhèin à sealladh, ach dh'fhan am fuaim aca, na cheòl buadhmhor, a ghabh ri Dòmhnall gu toileach na uchd is a leig leis anail ùrar fheuchainn gu sultmhor.

"Tha mi toilichte," ors esan is iad a' coiseachd ri taobh na h-aibhne eadar an talla agus taigh bràthair a màthar, "gun tug thu ceòl na Cuimris air iasad dhan Bheurla. B' fheàirrde i am brosnachadh."

"Tapadh leat," ors ise, dìreach mar a thug esan taing dhi anns a' chafaidh.

"Cha chuala mise," ors esan, a' gleidheadh a dà làimh na ghrèim, "dhen t-seòrsa bàrdachd ud ach tidsearan ga leughadh ro mhall, a' leigeil le brìgh shlàn bristeadh às a chèile. Sin no feadhainn òga, air am maslachadh, ga leughadh ro luath, gan sgochadh fhèin air gach dàrnacha facal, an dòchas gum faigheadh iad air suidhe cho luath 's a ghabhadh. 'S beag an t-iongnadh nach b' aithne do dh'fhaclan Choleridge mar a dhealaicheadh iad ris an duilleig."

Cha robh Sara cinnteach an robh i air an car a thoirt às, agus nan robh, co-dhiù bha cothrom aice air. Saoghail cho eadar-dhealaichte dham buineadh iad. Math dh'fhaodte nan robh iad air tachairt an Albainn an àite Aldershot gu robh esan air an cleas cianda a dhèanamh oirrese. Ceòl àrsaidh a stiùireadh air aigne an uaigneis.

Taing do Dhia gur i a rinn a' bhàrdachd a chuir fo gheasaibh an oidhche sin e, ge-ta. Cha b' urrainn dhi a mhealladh mar a mheall i urracha mòra Swansea as t-fhoghar. B' airidh e air a sin fhèin.

"Mar sin, a Dhòmhnaill, am bi sibhse, na Gàidheil, daonnan a' cosg an fhèilidh?" dh'fhaighneachd i an dèis dhaibh a bhith treis ag èisteachd ris an achanaich aig meangain craoibhe os an cionn.

"Uair ainneamh, a Shàrag. Dìreach airson sabaid is dhealbhannan. Tha i ro fhiadhaich a-staigh co-dhiù."

"O, gabh mo leisgeul, bu chòir gu robh fios agam."

Gàire. Pòg. Sùilean a' coimhead thro shùilean eile. Sìth ghoirt. Pòg eile. Na bu truime. Na bu treasa. Na b' fhaide buileach.

Dh'fhidir i na spògan mòra air an uaireadair aige. "Chiall, 's fheàrr dhomh falbh."

Cha do leig e leatha.

"Dhòmhnaill, bha thu mach air òrain. Òrain ghaoil, òrain seòlaidh. Cailleachan a' seinn. Catrìona Seumas, eh . . ."

"Catrìona Iagain Sheumais."

"'S i! An gabh thu fear dhe na h-òrain aice dhomh, gu 'n tèid mo mhealladh le do cheòl-sa?"

"Chan eil fhios a'm. Cha . . ."

"Òran sam bith. Coma dè cho sgreataidh 's a tha do ghuth."

"Chan aithne dhomh òran sam bith ann am Beurla."

"Dearbha, tha mi an dòchas nach aithne! Tha mi ag èisteachd, a Dhòmhnaill." Bha a ceann blàth paisgte na chom is a praban deònach a lèirsinn a thoirt bhuaipe.

Thog e a làmh-se mar dhòigh air a' chrith a shocrachadh agus chaidh e le gràdh ri *Mo Rùn-s' a' Mhaighdeann*. Chitheadh e gu soilleir bean bràthair athar, Nan Raghnaill, is i na suidhe air a bheulaibh, cho moiteil às, ach drèin a' chùraim oirre. Esan ga ghabhail mar a ghabh e ioma uair dhi, mar a b' fheàrr a b' urrainn dha, is e a' toirt bàrr-urraim air càch aig cuirm an Uibhist. Dh'fheumadh e a ghabhail gu ceart a-nochd dhi cuideachd – chan fhuilingeadh an tè sin droch grèidheadh, air chor sam bith. 'S i nach fhuilingeadh. Cha leigeadh bràithrean athar leis a bhith luideach na bu mhotha, ged a bha e air a dhol cho mòr, nam beachd-san, na "pheata binn Barrach."

An dèidh dha crìoch a chur air an t-sèist, thug e an aire gu robh blìonas air tighinn air aodann Nain agus dh'fhairich e gu robh a' ghaoth air gluasad mun cuairt gu chùlaibh. Bha i a' lìonadh a bhuilg gu h-ealanta – a' toirt comas dha a neart is a chreideas a chur uile-gu-lèir ann an sgeulachd an òrain. Bha Sara air uachdar a bhroillich a fhliuchadh is bha i ga ruamhadh le cois-chruim a' chiùil.

B' ise a' mhaighdeann gheanail, is bha i air a bhith fuathasach fhèin coibhneil ris. Leabhra, bheireadh e dhi a ghruaidhean tana, nan iarradh i iad.

Thug iad greis a' seòladh le chèile gu suaimhneach san fhairge dhùmhail a-null a Shràilia Mhòir.

Thàinig soirbheas beag on iar a thug crathadh air crann an fhuinn mar bu dual, agus e a' dìreadh suas aon uair eile gu meud a 'bòidhcheid', ach ma bha bristeadh brèagha muladach am meadhan a' 'bhòidhch', dhuin an 'ead' i le grinneas nach dìobradh.

Cha robh sgath sam bith a-nist a' bagairt a chur fodha, chaidh aige air sgòd an t-siùil-chinn a thoirt a-staigh rud beag is shiubhail 'rinn' le tuigse gu ruige 'mo leònadh' is thàinig 'gur lìonmhor òigear' gu tràigh air bàrr tuinn a bha cunbhalach gu deireadh. Bhrist e gun teagamh. B' fheudar dha, ach cha b' ann le cion an tùir, ach gu glan fo smachd an làin, a dh'ionnsaigh rùn 'Ealasaid' a dh'aindeoin gach eòlais.

Bha e mu leth-uair an uaireadair a' gnogadh an dorais is a' caitheamh mholagan air uinneig na caillich san taigh-loidsidh mun do dhùisg i.

Chaidh a mallachdan mu 'liberties' agus 'inconsiderate Jocks' na rann eile dhen òran anns nach robh aon bhraon feirge, ach a bha drùidhteach gaolach mar an còrr dheth.

Na aisling an oidhche sin, thug e pòg mhòr dhìse, seadh, do Mhrs Wilde bhochd – is nuair a dh'iarr e oirre hama no marag dhubh a thoirt dha leis na h-uighean mòra làrna-mhàireach, bha an dòigh san deach a dhiùltadh leatha na b' èibhinne buileach. Dh'fhairich e cràdh teth fo asnaichean nuair a thog e an kitbag air a ghualainn, ach leig e a bheannachdan mar bu chòir.

Dòmhnall gu campa is dhan Fhraing. Sara gu Caernarfon is dhan sgoil.

Cleas an t-Samhraidh

An cluinn thu am fuaim sgràthail ud, bheil e idir a' cur an eagail ort? An cluinn thu an 'Nì-nò, nì-nò' a thòisich mu Shràid Bheithe is a ràinig àirde aig Barraid MhicGumaraid, an tè as giorra dhomh fhìn, mun do ghabh e a-mach na theasaich a dh'ionnsaigh an M8 an dòchas gun treòraichte dìreach chun a' Western e?

Ach mura sàbhail am fear a chaidh a leòn le sgithinn, cha bhi a mhàthair-san an eisimeil gille neochoirich airson an naidheachd dhorranach seo fhaotainn. 'S iad daoine mòra deasaichte, feadhainn a tha air a bhith beò iad fhèin uair, a ghreimicheas is a chiùinicheas làmh chritheanach a' bhoireannaich.

Bidh na deiseachan uaine aca agus dùdaich fhiadhaich an carbaid-eiridinn air sealltainn dhan chreutair bhochd, is do bhean a mic ma bha tè aige, gun do rinn iad an uile dhìcheall dha. Cha robh cothrom air. Cha bhi an t-eagal aca ron bhàs agus bheir othail an turais agus ulla-thruis Roinn na h-Eiginn furtachd air choreigin dhaibh.

Chan eil agam fhìn ach baidhsagal is tha an clag air ragadh le meirg. Tha an latha bruthainneach seo ann an Uibhist cho fuadain is mì-fhallain. 'S ann a tha e a' siacadh mo bheòil.

Tha a' ghaoth a sgreuch gu sgairteil an-dè is a chuir sglèataichean nam boil an-diugh air sìoladh gu neoni. An àite na h-ionnsaigh sin a chuir na lòsain gu dùbhlan fad dà latha, tha fèath shàmhach iargalta ann a tha dìreach tuilleadh is blàth.

Tha an teileagram nam phòcaid, san tè dheis. An dearbh àite san do chàirich Bean Sheumais Eòghainn le gruaim o chionn còig mionaidean e. B' fheàrr leam cus gu robh e na bu truime is gu fairichinn is gun tuiginn an cudthrom a th' ann.

Tha fhios a'm taghta nach b' urrainn dhomh a bhith air na h-ochd mìle sin a dhèanamh an-dè air a' bhaidhsagal. Bha i ro fhiadhaich agus cha bhiodh an naidheachd air a bhith sàbhailte am broinn pòcaid a tha cho feumach air snàithlean.

Ach 's dòcha nam bithinn air ruith an aghaidh a' bhalla-ghaoithe gu robh mo theachdaireachd air a dhol na cloich mhòir chràidhtich nam làimh. Air an dòigh sin bhithinn air a bhith coltach ri balaich nan carbad-eiridinn, oir bhiodh na dùdaich làidir nàdarra air rabhadh a thoirt dhise agus bhithinn-sa air rud dòrainneach fhaireachdainn.

"Bheir thu seo do Pheigi Aonghais, bheil thu cluinntinn. Tha sinn dìreach air fhaighinn. Cha leugh thu e agus cha tèid thu air seachran. Bheil thu a' tuigsinn, a Nìll?"

Briathran Bean Sheumais Eòghainn cho teann gun bhlas an taca ris an àbhaist. Bha e mar nach robh i ag earbsa asamsa no aiste fhèin ach gun fheumadh i feuchainn ri cinnt air choreigin a chur an sàs. Mise an toirmeasg a-staigh airson an t-samhraidh a-rithist, mo chraiceann ruadh bho losgadh na grèine. Chaidh glaisead na teanamaint againn agus na h-aghaidhean mì-thuarail a tha glaiste na broinn às mo chuimhne o chionn grunnd sheachdainean.

Ach carson mise?

Aig aois naoi bliadhna is gun mi às a seo ceart, cha chanainn fhìn gur mise an duine as iomchaidhe airson naidheachd bàs mic a liubhairt dha mhàthair. Chan e nach bithinn ro thoilichte innse mu bhàtaichean air am biodh maill no gun d' ràinig Eachann no Dòmhnall na bailtean mòra ud gun tubaist. Ach chan eil mi a' smaointinn gum bu chòir dhòmhsa bhith dèanamh seo.

"Na gabh sìon bhuaipe, a Nìll, thoir dhi an teileagram agus till air a' bhaidhsagal agad."

Chan ann leamsa a tha am baidhsagal. 'S ann le Seumas Eòghainn a tha e, ach faodaidh mise dhol air a chionn 's nach eil fear agam fhìn an Uibhist. Tha frèam mòr dubh aige ach chan eil bàr-tarsainn idir air. Bha dùil aig a' bhodach laghach ri teachd na lòinidh o chionn fhada.

Tha an diallaid leathair aige mòr cuideachd agus sgueadhar. Ma chaidh a bogadh fo Sheumas Eòghainn sna lathaichean bu trainge aige, tha i air cruadhachadh a-rithist. Chan eil sin gu cus diofair dhòmhsa, oir cha d' ràinig mi faisg oirre an-uiridh is tha e failleachdainn orm am bliadhna cuideachd.

Gun teagamh, thug Bean Sheumais Eòghainn agus Màiri Eachainn a bha càirdeach do Pheigi Aonghais tacsa mhòr dhan bhantraich sna beagan mhìosan an dèidh do Sheonaidh bàsachadh. Cha b' urrainn dhaibh air a bhith na bu laghaiche rithe. Ach air an fheasgar thais sin bha e coltach leamsa, is tha fhathast, gun d' rinn iad a trèigsinn. Bha iad cho gealltach 's gum b' fheudar dhaibh a' chiad innse fhàgail aig dìol-deirce beag à Pàislig. Is bu shuarach cho math is a bha an innse.

Tha mi a-nist a' dùnadh a' gheata a tha dèanamh sgaraidh eadar Oifis a' Phuist agus a' chuisle mhì-chothrom a tha ruith eadar ceann a deas is ceann a tuath an eilein. 'S i bhios a' ceangal an Iochdair agus Poll a' Charra agus gillean Dhalabroig le muinntir Stadhlaigearraidh, a bha riamh beò ann am baile saor.

Tha mi air am baidhsagal a ghluasad romham is tha mi nam

sheasamh a-nist aig ceann eile na feansadh aig crìch àrainn Sheumais Eòghainn. Chì mi cumadh na ban-phosta aig an uinneig mhòir aig taobh a deas an taighe. Tha a cùl aice rium agus tha a mìodachd a' lìonadh na glainne le patarain dhearga. 'S neònach mura bheil i a' faireachdainn mo thàimh an-fhoiseil. Nach eil i airson tuigsinn cho doirbh is a tha seo dhomh?

An dèidh dhi am brag a nì mi leis a' phedal a chluinntinn, tillidh i gun aithreachas, tha mi an dùil, dhan sguilearaidh bhig is teannaidh i air coibhneas a bhruich airson na tè truaighe.

Tionndaidhidh mise gu deas, taobh na làimhe clì mo shùilean a' sireadh Chorghadail is na Beinne Mòire ri taobh. Tha na barran aca fo cheò ach tha fhios a'm gun rachadh aca air na neòil aotrom sin a thilgeil bhuapa gun dragh nan robh toil aca.

Thogadh iad an cinn is thairgeadh iad gun chabhaig guirmead ùr dhan adhar ghlas. An-dè, bha iad nan tràillean aig uachdaran uaibhreach na h-aimsir, an-diugh tha iad nan leasgain coma co-dhiù a ghluaiseas iad gus nach gluais.

Tha am pedal fom chois chlì a' dol nas fheàrr na am fear eile. Nuair a thèid am fear sin mun cuairt cluinnear biachd àrd nuair a tha e faisg air mullach an roth-thoisich. Air lathaichean eile thèid agam air mi fhìn a chall ann an ceòl neo-bhinn a' bhaidhsagail 's mi a' gabhail tro chlaisean is lòin. An-diugh, ge-ta, cluinnidh mi a h-uile fuaim air leth, oir cha toir mi air mo chluasan sgur a dh'èisteachd riutha.

Dia gam shàbhaladh, tha i blàth! Ach nan cuirinn dhìom mo sheacaid, 's cinnteach gun gabhadh fuachd damainte dham uchd. Dhannsadh mo lèine umam mar bhratach mun cuairt closnaich.

Tha na bailtean is am machaire air mo làimh dheis, siar on

taobh a tha mise a' dol. Tha iad a' leigheas an dèidh an dochainn a fhuair iad sna lathaichean mu dheireadh. Tha iad a' coimhead cho soitheamh 's nach fhaighear tuairmse air an obair mhòir a tha ga dèanamh gus an càradh.

Chì mi àradh na shìneadh air mullach taigh Ruairidh Iain mu choinneamh nan trì lotan a tha a' dèanamh millidh air a' chòmhdach choileanta. 'S cinnteach gu bheil esan an dràsta fhèin a' cur snas air na brèidean as fheàrr a dh'fhàgas slàn iad.

Tha taigh beag tughaidh Màiri Anna na chrùban air cùl taigh Ruairidh. Tha faothachadh aige a-nist ach cha dèan math dha bhith ro mhòr-chuiseach no caillidh e a cheann.

Chan eil fada agam ri dhol – siud Loch Dòbhrain a chaidh mi seachad air, nach e? Tha na neòineanan air am peantadh mu thimcheall mar air oir soithich.

Tha mi mu mhìle o cheann rathad Staoinibrig, ach feumaidh mi stad, oir tha mi a' faicinn cumaidh a tha a' dèanamh gluasaid mhì-rianail an dìg an rathaid. 'S i curracag a th' ann agus tha i an grèim a' bhàis. Tha an fhuil na ruith mu h-amhaich chaim is tha an t-eagal blàth geal aice sgaoilte air feadh an fhraoich. Nach bu mhùirneach a sealgair?

Ach carson a rinn nàmhaid an eòin seo teicheadh oirre? Nach bu chòir obair mhath a thoirt gu crìch chinntich? Dè a' mhoit a tha an cois an èigneachaidh leibidich seo? Tha mi a' gabhail beachd air cumhachd is ùghdarras is mi air baile Staoinibrig a ruighinn mar-tha.

Gu dearbha 's ann leis a' mhurtair a tha a h-uile roghainn. Chanainn gum bi an t-eun marbh mun lèir dhomh tobhta na cailliche bige. Cha bhi smachd aig an truaghan air a sin.

Tha mo chridhe a-nist a' plosgartaich gu trom. Tha a bhuille luath ach cunbhalach. Togaidh i mo chom is nì i teannachadh air na fèithean bho chùl m' amhaich sìos gu meadhan mo dhroma. Chan eil ach dà thaigh ri dhol seachad orra mun ruig mi an geata a tha mu fhichead slat bho thaigh Peigi Aonghais.

Cha robh mi riamh cho fada seo le teileagram, ged a thadhail mi air càirdean an seo an-uiridh còmhla rim mhàthair. Nach robh Peigi Aonghais i fhèin an taigh mo sheanar aig toiseach an t-samhraidh is thuirt mi rithe gun tiginn a choimhead oirre mum falbhainn.

Tha mi aig an doras agus tha mo bhathais goirt le bhith sgùradh an fhallais dhith le muilichinn mo sheacaid. Tha faireachdainn neònach nam chalpannan is mi air iarraidh orra tighinn a-nuas far a' bhaidhsagail is coiseachd chun an taighe.

Tha an doras aice ìseal agus tha an dath donn air fàs gu math robach air. Bidh agam ri mo cheann a chromadh an ath-bhliadhna, chanainn. Mas e agus gun tig mi an seo a-rithist.

"A Pheigi, bheil sibh an sin?"

Chan fhaigh mi freagairt dham cheist nuair a thèid mi a-staigh fon chabar. Tha an seòmar aice cho blàth, buntàta a' goil os cionn teine fiadhaich.

Tha mo shùilean a' siubhal is a' lorg dealbh a mic Seonaidh. Aithnichidh mi gun dragh e, oir 's e sin an aon dealbh a th' aice. Tha èideadh Gàidhealach air agus tha e na sheasamh gu duineil air an dreasair ri taobh gleoc a tha air stad.

"Shin agad thu, ghalghad – tha thu air tighinn mar a gheall thu. Chaidh mi a dh'iarraidh uisge – gabhaidh tu grèim bìdh, nach gabh, a Nìll?"

Tha i na seasamh san doras gus nach fhaigh mi seachad oirre. Tha mo lamhan a' rùrach nam phòcaidean – an tè cheàrr, an tè cheart, an tè cheàrr, an tè cheàrr. Tha an teileagram fhathast am broinn tè aca. Cha tug duine bhuam an t-uallach seo.

Tha mi a' toirt a' phìos pàipeir a-mach às a' cheileadh bhlàth is tha mi a' dèanamh mo shlighe a dh'ionnsaigh Peigi a dh'ionnsaigh an dorais.

"Bean Sheumais . . . Dh'iarr i orm . . . seo . . ."

Tha mi a' ruith seachad air a' bhoireannach chruinn bhriste seo is a' sgailceadh an t-solais, tàmailt mhòr gam chutadh.

Tha a sùilean a' lìonadh is chan fhuiling mi coimhead air na claisean a tha gan treabhadh na h-aodann gasta. Cha tèid mise thromhpa siud an-diugh.

Tha an latha a-muigh nas fheàrr is tha am baidhsagal nas luaithe. Chan eil cràdh idir nam chasan. Gheibh mi mar sgaoil, oir tha spionnadh annam. Spionnadh a bheir orm an tuilleadh obrach a dhèanamh, is tarraingidh mi fuaim gu math nas cruaidhe às an diabhal baidhsagail seo.

A h-aon mhac, a h-aon mhac, a h-aon mhac.

Geamaichean-Gaoil

’S math gun do dh’iarr Joe air Colina na bha air fhàgail dhen chèic a riarachadh eadar na h-igheanan, oir bha fèill mhòr oirre agus na beachd-se bha esan a’ fàs ro throm. Cha robh i an dùil uimhir a thrèicil a chur oirre an toiseach, ach chan e bonnach-srùdhain ceart a bhiodh innte an uair sin agus bha mathas air choreigin san trèicil. Dhan ghrùthan, nach ann?

Rugadh Joe ochd bliadhn’ deug roimhe sin air an latha às dèidh Latha Fhèill Mìcheil, ach cha robh leithid a rud ri bonnach-srùdhain ri fhaighinn mu thaighean mòra Phollokshields nuair a bhite ga chomharrachadh. Air an fheasgar sin, dh’fheumadh an fheadhainn a bha riatanach air Cavonia is cungaidhean eile mu leth-mhìle a bharrachd a choiseachd suas Rathad Chathcart gu bùth Wallace, oir bhiodh Eamon Dunn an còmhnaidh a’ dùnadh tràth air latha mòr a mhic.

Shaoil le Joe gu robh am preusant a rinn Colina dha cho blasta ri rud sam bith a cheannaich a mhàthair riamh ann am Fergusons, ged a bha e gu math titheach air na h-eclairs aca.

Dh’inns i dha na bha i a’ dol a dhèanamh aig partaidh annasaich air oidhche Shathairne. A’ coimhead oirre, shaoileadh tu gur e troich a bh’ innte, air a suainteachadh mar a bha i ann am plaide mòr leathann na Sanitarium. Nuair a thàinig Joe na coinneimh aig dachaigh nan nursaichean, bha esan na bu choltaiche ri tomàto na Innseanach, ach thiomaich a chraiceann beag air bheag air feadh na h-oidhche. Nuair a sheas iad le chèile a' pògadh air cùl Ward 2, chan fhaiceadh i ach mìr bheag dhen dath air cùl a chluaise, ged a bha a ghnùis fhathast na bu duirche na b' àbhaist.

Dh'fheuch Eamon agus Mary Dunn am bonnach cuideachd agus tha e coltach gun do chòrd e glan riutha. Thuirt Eamon gum biodh a sheanmhair a' dèanamh rudeigin coltach ris dhaibh nuair a bha iad nan cloinn. Ged nach robh iad gu bhith còmhla ri Joe agus Colina ann a Victoria Park, dhùin iad a' bhùth mar a bu nòs, agus shuidh iad sa choinsearbhatoraidh nan còtaichean tiugha ag ithe is ag òl gu sunndach na bheireadh Oighrig thuca.

'S ann air sàillibh i bhith eòlach air Oighrig a thachair Colina ri Joe sa chiad àite. Nuair a thàinig i a-mach à Uibhist an toiseach, bhiodh i a' coinneachadh rithe a h-uile Diardaoin. 'S e sin an aon fheasgar a bha saor aig Oighrig agus b' urrainn do Cholina obrachadh timcheall oirrese. Bho thòisich Colina sna wards cha robh cùisean air a bhith cho furasta, a rèir choltais.

Thòisich Joe a' bruidhinn rithe aon oidhche shamhraidh nuair a bha i fhèin is Oighrig a' cabadaich is a' gàireachdaich aig a' gheata fharsaing. Bha Oighrig mu chòig bliadhna na bu shine na Colina agus 's e boireannach tapaidh èibhinn a bh' innte. Bha i air a bhith air mhuinntireas an Glaschu o chionn trì bliadhna. 'S e taigh Eamoin Dunn, bha i ag ràdh, am fear a b' fheàrr san robh i fhathast.

Daoine ceart' a bh' annta, agus bha iad coibhneil ri Oighrig.

"Gu dearbha, cha bhi bodach Dunn a' call a ruisg a' coimhead air àirde a' bhotail bhranndaidh mun toir e dram bheag dha Mhistress uasail."

A' chiad uair a dh'iarr Joe oirre a dhol a chluich teanas còmhla ris, rinn Colina an leisgeul gu robh piuthar a màthar air a bhith bochd is nach fhaca i o chionn chola-deug i. Ged a bha sin fìor, bha Annag Bheag an Tàilleir beò airson mu fhichead bliadhna às a dheaghaidh sin. Cha d' fhuair i cothrom leisgeul math a dhèanamh nuair a nochd Joe air ward nan sgamhan an ceann deich latha. Cha tuirt i guth ri Oighrig mun deach i ann, agus cha do thadhail i oirre idir an t-seachdain sin, no an ath-sheachdain na bu mhotha. Chuir e iongnadh air Joe mar a thog Colina an gèam. A rèir na bhiodh i canail ris mu Uibhist, is gann gun lorgadh tu pìos talmhanna eadar na lochannan an sin a bhiodh mòr gu leòr airson raon-teanais a dhèanamh air, ged a bhiodh e cothrom.

"Tha Coleena a' cluic teneese an-diugh!" dh'èigheadh Joe ris an nurs bhig Ghàidhealaich aige nan deargadh i air am ball fhaighinn air ais thuige nuair nach robh dùil aige ris.

Bu thoigh le Colina teanas, oir bhiodh e a' toirt saorsa dha h-inntinn. Nuair a bhiodh i ag ullachadh no a' ruith gu bualadh a' bhuill, cha robh sìon air a h-aire ach am put beag carach fhaighinn tarsainn an lìn. Bha a h-uile dad mu dheidhinn a' ghèam cho òg agus beòthail. Cha tigeadh casadaich sgànrach nam marbh an còir an deiseachan geala.

Bhiodh David agus Rosemary a' cluich cuideachd uaireannan, ach b' fheàrr leatha nuair nach biodh ann ach i fhèin is Joe. Bha iad cho eòlach air cluich càch-a-chèile. 'S iad feadhainn bheaga ìseal fon lìon bu duilghe dhàsan a ruighinn, agus bha ise math orra sin. Bha fhios aigesan nan tilleadh e fear spracail bho os cionn a chinn gum bu choingeis dè an oisean dhan cuireadh e am ball – nach biodh Colina air chomas sìon a b' fhiach a dhèanamh ris. Bha Joe daonnan socair is modhail rithe, ged a bhiodh e uaireannan coltach ri tarbh a' dàir na bà is e a' bùirean is a' nuallanaich air a thaobh fhèin dhen raon. Aig deireadh a' ghèam bheireadh e air làimh oirre agus shuathadh e am fallas dheth le nèapraig mun cromadh e ri pògadh a lethchinn. Bhiodh an tarbh a' sìoladh gu bhith na mheann.

Bha Colina gu math cleachdte ri pògan a thigeadh an dèis a bhith breith air làimh air cailleachan, agus air dòigh, cha robh an fheadhainn aig Joe cho eadar-dhealaichte riutha sin.

'S e fàileadh cac nam beathaichean bu mhotha dh'fhan na h-inntinn bhon àm mu dheireadh a fhuair i pòg dhen t-seòrsa eile. Bha cabhag oirre èirigh far còta tachasach 'Ain Ruaidh is bhean am blàths sgreamhail ri bonn a droma.

Cha do dh'fhairich i eucoltach ri sin an latha a dh'inns i do dh'Oighrig gu robh i fhèin is Joe a-nis a' suirghe. Ged a bha fhios aice mar-tha, thug Oighrig air Colina an fhìrinn aideachadh, agus bha na thubhairt i cho salach ri speuradh 'Ain Ruaidh nuair a dhiùlt i a shàsachadh. Bhon a bha Oighrig air fhaicinn is air a chluinntinn aig an doras, theirigeadh foighidinn Joe leatha gu math luath.

"Tha iad a' leigeil orra gu bheil iad cho uasal 's gun saoil thu gu bheil rudeigin diofraichte aca fon phlaide dhut."

Ma bha rud sam bith aig Joe ga chumail am falach fon phlaide, cha robh e ga shaoilsinn iomchaidh aon aiteal dheth a leigeil fhaicinn do Cholina. Chan fhaca i riamh na plaideachan aige, ged a bha i cinnteach gum biodh iad mòr agus comhartail is fàileadh glan dhiubh. Bha an leabaidh bheag chumhang aice san Royal ro chruaidh is bha iad a' cur stuth air na siotaichean nach robh a' tighinn ri craiceann. Na dheaghaidh sin, cha robh deargannan a' cur casg air a h-aislingean. Math dh'fhaodte gu robh am babhstair ro thana dhaibh?

Còmhla ri Joe, chunnaic i pàirceannan mòra Ghlaschu is gailearaidhean-ealain agus bhiodh iad a' gabhail 'lunch' còmhla ann an cafaidhean. Air Didòmhnaich rachadh i còmhla ris an teaghlach aige gu eaglais mhòir am meadhan a' bhaile, anns an cuireadh mac-talla a h-ùrnaigh an t-eagal oirre. Bhiodh na boireannaich air fad a' cosg bhonaidean brèagha is bhiodh na fir a' suidhe air an aon treasta riutha air a' cheann a-muigh. Clann bheaga reamhar air an deagh chumail fo gheàrd eatarra.

'S i an aon aifhreann a bh' ann, ach bho nach fhaiceadh i mòran chailleachan a' crùbadh is a' dèanamh crònan na Conair Moire, thuig i gu robh deagh Laideann aca uile. Bhiodh mòran fhaclan an searmon an t-sagairt nach robh i air a chluinntinn riamh roimhe, ach gheibhte a' bhrìgh, oir bha an guth ionnsaichte Sasannach aige soilleir is taitneach a bhith ag èisteachd ris. Chuir e annas oirre nuair a dh'inns Joe dhi nach e easbaig a bh' ann idir ach Jesuit.

Bha e air failleachdainn air Joe a' bhliadhna ron a sin Lower Mathematics fhaighinn, is mar sin cha d'fhuair e an group a ghleidheadh àite dha san oilthigh. Cha robh e cinnteach dè bha e ag iarraidh a dhèanamh ach cha robh bùth bheag athar na buaireadh mòr sam bith dha. Seach nach robh cogadh a-nis ri shabaid, cha robh an còrr air ach feuchainn a-rithist airson a' ghroup. Bha Colina gu math na bu togarraiche dha na bha leabhraichean-maths, is chuireadh e bhuaithe iad gun ghearan nan robh e dol ga faicinn.

Bha Eamon is Mary an dòchas gun toireadh an gaol air rudeigin fhaighinn nach do choisinn an cuid airgid thuige sin, is bu thoigh leotha an nighean sin nach robh idir leisg mar a bha Oighrig. Bha iad toilichte nach biodh Joe ga toirt a dhannsaichean, oir siud far an robh peacannan Ghlaschu. Cha chuala Colina pong peacach bho mheòirean Chaluim Bhig air bàl an sgoil an Iochdair, ach cò aige a bha fios nach e a thug am boil air na gillean sàmhach a thill às an Fhraing.

'S ann air a' ward aice fhein a thachair i ris an t-seòladair a thug gu dannsa i, agus thuig i an uair sin cò air a bha Mr Dunn a-mach. Cha robh cus iarraidh dannsa air a' chiad latha sin, 's e na shuidhe leth-mharbh an tacsa ri cluasaig thiugh. Bha am bristeadh cho mòr air anail 's gur gann gun abradh e trì faclan an sreath a chèile. Nuair a shàth an dotair Ruiseanach an t-snàthad mhòr iarainn eadar a dhà asna a-staigh dhan mhàthair-ghuir, dh'fhairich i an cràdh a thug air Eòin èigheachd airson eadar-ghuidhe màthair Dhè.

Thugadh mu dhà phinnt ionghair far a sgamhain an latha sin agus thill an anail thuige gu grad. Dh'fhan fàileadh mì-chiatach mu thimcheall, ge-ta, is cha b' urrainn dhan iodine a mhùchadh. 'S ann a bha e air leannrachadh air fheadh.

Cha d' fhuair Eòin am pìos bonnaich an oidhche sin; chùm i gu an ath-oidhche a-rithist e dha. Cha robh iad air gin de chomharraidhean na caitheimh fhaicinn san stuth shalach, chaidh innse dha. A rèir choltais, cha b' e siud co-dhiù bu choireach ris an pneumonia aigesan. Bhiodh e fhathast feumach air tòrr fois, ach cha ruigeadh e a leas a dhol fo na rionnagan gus dèanamh deiseil airson a' bhàis. B' fhiach an naidheachd sin seachdain dha, is nuair a dh'fheuch e tiodhlac Joe, dh'aithnich e gura math a' b' aithne dhan tè a rinn a' chèic a ciùird.

Bha e a' còrdadh ri Colina a bhith coimhead às a dhèidh. Bha e tòrr mòr na b' fhasa deileadh ris na bha ri feadhainn eile, oir bha iad a' tuigsinn a chèile. 'S ann ainneamh a chitheadh i greann air ged a bha e fhathast a' fulang a chuim. Shaoil i gu robh e coltach ri gille beag a bha air a bhith falach dhroch cronan fad ùine mhòir, ach nuair a ghlac a mhàthair e, cha b' airidh e air na slaisean mar a bha e an dùil.

Dh'ith e am bonnach-srùdhain is ghabh e rann a bh' aca am Mùideart do Naomh Mìcheal is do Naomh Brìde. Bha e àraid leatha faclan na h-ùrnaigh sin a chluinntinn ann an soilleireachd gheal na ward nuair nach cuala i riamh iad ann an leth-dhorchadas na h-eaglaise mòire. Cha b' urrainn dhi cuimhneachadh air aon Eòin eile a b' aithne dhi an Uibhist, ged a dh'fhaodadh feadhainn a bhith shuas sa cheann a deas. Chòrd an t-ainm rithe is rachadh aice air a ràdh ceart, rud nach b' urrainn do ghuthan biorach muinntir Ghlaschu amas air.

Nuair a chuir e a làmh air a broilleach, is iad a' gearradh tron phàirc air cùl nan raointean-teanais air an rathad dhachaigh bhon Empire, stad i airson a phògadh nas cruaidhe. Bha a chùlaibh-san ris na raointean, ach bha ise ag amharc dìreach air an raon fhalamh aice fhèin. Cha robh for aig Eòin cho mòr 's a bha seo a' còrdadh rithe is gun fheumadh i a dhèanamh. Chaidh a miann airson gèam math làidir, mun tilleadh esan gu muir, a choileanadh gu tur.

Smaoinich i air Joe nuair a bha iad a' cur umpa anns an fhuachd bhrùideil, ach bha an gèam air a bhuinnig a-nis, is cha robh an còrr air ach a dhol dhachaigh is a' bhreug a chur gu bàs.

Bàs na brèige, gin na beatha ùire.

O uill, bha sin na fhaothachadh. An gnìomh deànte air deireadh thall. Agus am beachd na tè a sgriobh i, Mrs Joan Richards, bha an naidheachd a-nis ullamh, 's i air a saoradh bho a cogais na h-innse shnasail. Bha i cuideachd air saorsa is snas a thoirt air ais dha a màthair mun do thòisich lathaichean a crìonaidh.

Ged nach do dh'atharraich i ainm sam bith, bha i air an t-astar ceart a chur eadar i fhèin agus bòcain a h-òige, a' leigeil leotha aiseirigh a dhèanamh an dèidh còrr air leth-cheud bliadhna, gam beothachadh mar charactaran car sìobhalta ann an sgeulachd ghoirid fhosgailte.

Sgeulachd nach fhaca riamh loinn a làimh-sgrìobhaidh fhèin ach a chaidh a chruthachadh an àiteigin eadar a cuimhne agus compiutair a mic.

Cha robh a dhìth ach na duilleagan geala a bha deònach, briathran nach bu leathase a-nist, a thaisbeanadh, a chur anns a' chèis a bha gam feitheamh bho mhìos ron Nollaig.

Ach dh'fheumadh i am fiosrachadh seo a chumail airson na linne ùire. Linn, bha i air cur roimhpe, a bha dol a thòiseachadh leis an fhìrinn ge b' e dè thigeadh na cois.

Mar sin, am feasgar sin fhèin, chuir Joan Richards litir air falbh gu a piuthar ann an Albainn.

Ealain an Fhulangais

Leth na truaighe, dh'fhairich mi an tè sin ann an smuais mo chuim is i a' toirt grad-ionnsaigh air anfhadh mo sgamhain. Tha tamair eile, loma-làn biùthais, air sloc a chladhach nam ghiall, agus tha m' acfhainn bheag neoichiontach ga dubh-phronnadh.

"Mac an Diabhail, Mac an Diabhail Mhòir a th' annad!" agus 's e sin a bh' ann an Ailean sna mìosan mu dheireadh sin mun do dh'fhalbh e. Mun tugadh air a bhith na dhuine.

'S dòcha gun aidicheadh an Dallag sin fiù 's an-diugh: gu robh e fada ceàrr, nach robh ann ach am burraidh gun rian. Throideadh i ris is leigeadh i oirre truas riumsa airson treiseig.

Seadh, dhèanadh piuthar mo sheanmhar sin nam b' urrainn dhi, ach chan urrainn dhi sìon. Tha cadal trom air an saoghal dubh aice a dhinneadh ann am mac-meanmna a h-aislingean. Cha do dh'èirich i o chionn trì latha a-nist. A rèir choltais, 's e glè bheag air a bheil for aice. Cha chualas guth air dad a dhèanamh rithe, ge-ta. Tha am bodach a-muigh mu chaoraich mar as àbhaist. Tha mi fhìn 's mo bhràthair còmhla a-staigh is a' gleac. Tha gnothaichean, mar sin, a' dol air aghaidh gun fhiaradh ach tha a h-uile rud deiseil airson tighinn gu crìch.

"Chan eil cus feum ortsa co-dhiù, a m' eudail. Ach, tha fhios nach b' fhuilear dhut drùdhag bheag, gu fàs thu gu snog do Sheumas. Ma gheibh mi grèim ort, fhir bhig!"

Tha Ailean air a' phoit-tì mhòr dhubh a thoirt far an stòbha agus tha i aige os mo chionn na làimh dheis. Tha e a' feuchainn ri mo bhriogais fhosgladh le làimh chlì. Tha a ghlùn gam chumail ris an ùrlar shalach, dìreach mar a ghleidheadh cat luchag, le spòig an àrdain.

"Tha an t-àm agad fàs, a Sheumais, a laochain – tha thu anabarrach mall."

"A mhic na seana . . ."

Tha breab bhom chois chlì a' tilgeil na poite às a làimh is ga sradadh thar ar ceann a dh'ionnsaigh a' bhalla thiugh. Tha am mullach a' dealachadh ri chorp is tha an lionn tlàth ga fhrasadh gu maoth air muin an dithis againn. Tha seo a' cur suidse ris an t-sabaid airson mionaid, is an uair sin, gun rabhadh, èiridh Ailean dhìom, suathaidh e am poll far aodaich is suidhidh e air cathair a' bhodaich.

Chi mi gàire a' sgaoileadh air aodann. Robh fhios aige le cinnt nach robh stuth goilteach sa phoit? Saoil an robh, no an robh e coma ach mo losgadh? Togaidh e am pàipear, cuiridh e speuclair ri shùil.

Do dh'Ailean tha an aimhreit bheag seo a-nist ullamh. Rinn e an gnothach orm is faodaidh mi bhith taingeil nach robh mo dhochann na bu mhiosa. Tha an taigh sìtheil a-rithist, ach srann dian na caillich. "A-nist," their osna mhòr-chuiseach, "dè an ùine gu 'n till m' athair?"

Tha a' phoit-tì fhèin na crùban air a beul foidhpe, eadar mi fhìn is e fhèin an tacsa ri bonn an dreasair. Chì an dithis againn i. Chan eil coltas cunnartach idir oirre. Tha i air a mionach fhalamhachadh is i a' slànachadh air a socair.

Ach, ge-ta, tha am mullach aice falaichte air mo chùlaibh-sa. Gheibh mi thuige gun dragh sam bith, dhearbh mi sin. Thèid agam air am faobhar geur a shlìogadh le mo mheòirean.

Chan eil an aimhreit seo idir deiseil dhòmhsa. Tha an latha seo a' faireachdainn gu math diofraichte. Seo mo latha-sa.

Tha aon rud cinnteach. Tha mi ag iarraidh a ghoirteachadh. Leis an fhìrinn, bu thoigh leam a leòn ann an dòigh 's gun cuimhnich e orm gu bràth is gum faic càch nach dèan math dhaibh fanaid ormsa tuilleadh.

Chan eil mo bhràthair cho brèagha sin, ach dh'fhàgadh lot mu shia òirlich eadar a chluas is a bheul gu math grànda e. Tha astar deich mìle eadar taigh nam bochd seo agus taigh an dotair. Mìltean fada rin coiseachd nam biodh d' aodann reubte às a chèile.

Bhiodh aige ris an doilgheas mòr seo a chuimhneachadh, is thuigeadh e an uair sin mo chomasan. Choisninn fhìn fèin-luach, an cois aon bhuille a-mhàin, nan toirinn dha gu ceart i.

Chan fhada tuilleadh a bhiodh daoine a' diùltadh mothachadh dhomh. Cha b' urrainn dhaibh ach mothachadh dhomh a h-uile h-uair a chitheadh iad aodann eagalach an fhir ainmeil, Ailean mac Dhòmhaill Iain.

"A bhràthair Seumas a rinn e – cha robh e ach mu cheithir bliadhn' deug aig an àm . . . Uill, uill, na bu treasa na shaoileadh tu!"

"Nach dèan thu tròcair orm?"

Àmhghar na Dallaig a th' ann. Tha ise cuideachd mu choinneamh cunnairt ann an saoghal eile, a saoghal dìomhair fhèin. Cò aige a tha fios nach e cuideigin a bhuineas dhi a tha ga adhbhrachadh. Bha i gle mhath gu an-uiridh, 's i a bh' ann an sin, ach tha i air a dhol bhuaithe gu luath rè na bliadhna seo. Chan urrainn dhomh ràdh gun ionndrain mi an t-seann olcag nuair a dh'fhalbhas i. Neo-ar-thaing nach d' fhuair i aois.

Chan fhaca i cnead o dhùin còmhla ghlas a fradhairc mu dheireadh thall o chionn deich bliadhna. Ciamar fon t-saoghal a ghleidheadh sinn an dèidh dha mo mhàthair falbh air a' bhàta chian nach tilleadh? Mise gann dà bhliadhna a dh'aois, Ailean sia.

Cha chuireadh e iongnadh sam bith orm nam faighinn a-mach gu robh piuthar no bràthair eile againn a chaidh a losgadh gu bàs, no a chailleadh na phàiste, fhad 's a bha a' chailleach leisg a' norradaich na h-aodach trom.

Cha b' àbhaist dhi idir a bhith bodhar ach nuair a bhiodh aice ri rud a chluinntinn an aghaidh Ailein. Anns na trì bliadhna a dh'fhalbh cha robh againn ris a' chànan eile a chleachdadh airson seanchas a chumail bhuaipe.

"Chan eil fhios a'm gu dè tha sibh ag ràidhtinn. Bha a' chlaisneachd agamsa riamh cho math cuideachd, oir dh'fheumadh i bhith." Cha rachainn às àicheadh sin.

"'S fheàrr dhut a dhol a-staigh chun na caillich," tha Ailean ag ràdh bho air cùl a' phàipeir, "boiseag uisge a thoirt thuice."

"'S tusa am balach aice, Ailein – cha dèan i ach iarraidh ormsa d' fhaighinn dhi."

"Canaidh tu rithe gu bheil mi a-muigh."

"Thèid thusa a-staigh thuice!" tha mi ag èigheachd ris, mullach na poit-tì nam làimh, esan gun ghluasad, air falach ann an smodal a' phàipeir.

"Thèid thusa a-staigh thuice an dràsta," tha mi a' sgiamhail ris, is mi a' tarraing a' phàipeir bhuaithe, toirt bhuaithe naidheachdan gun seagh, toirt bhuaithe an cumhachd is an dìon, nach do sheulaicheadh annsan gun cheist.

Tha na busan aige mìn is fallainn, cha deach an tolladh riamh le galar mar a chaidh m' fheadhainn-sa, cha mhotha na sin a chaidh am milleadh le cearbachd an ràsair aineolaich.

'S cinnteach gur iad as motha a tha a' còrdadh ri na h-igheanan, a' toirt orra bhith bàidheil ris, a' leigeil leis fàs misneachail gun aon teagamh; blàths an cuid meas ga bhiathadh.

'S ann orra tha mo chuimis, orra a bheir mi buaidh, 's ann sna pàirceannan rèidhe àlainn sin a threabhas mi m' iomaire cham. Sgrìob. Dean sgrìob, a Sheumais!

Tha mo chrann-cogaidh aotrom is sùbailte, mi fhìn deas-làmhach treun, gun boinne fallais a' tighinn eadarainn, sinn fuaighte ri chèile mar iomadh uair roimhe.

Tha an t-aodann òg bòidheach aige a' tionndadh thugainn is a' dlùthachadh le deòin, a' sireadh a' bhèim mhaireannaich, an gàire fhathast beò.

Tha feòil agus iarann a' ruighinn an aon bhuillsgein air an achadh thartmhor.

"Ma thèid thusa a-staigh thuice," tha mi a' guidhe air ann an cogair cinnteach, "faodaidh i cobhair a dhèanamh ort, faodaidh i do chreuchdan a ghlanadh le a deòir."

Tha an fhuil mhì-chiatach a' spùtadh gun abhsadh à craiceann Ailein, ach chan eil e fhèin air gluasad idir. Tha e na shuidhe dìreach mar a bha e, na thàmh, mar gu robh am pàipear-naidheachd fhathast na làimh. An robh e feitheamh gu 'n togainn dha e, gu 'n cuireadh e crìoch air an sgeulachd a bha e a' leughadh.

Tha lòn fala a' lìonadh mu shàiltean is a' sreap ri bàrr a bhrògan.

"S fheàrr dhutsa dhol a-staigh thuice," tha e ag ràdh an guth fann, "agus an uair sin an dotair fhaighinn dhòmhsa. Tha e ann an taigh Thormoid Bhig."

57

Tha mi a' teicheadh bhon taigh is a' ruith aig peilear mo bheatha tro chàthar agus mòintich, mo chridhe nam bheul, am batal air sgaoileadh, na gaisgich air mo thrèigsinn. Chan eil air fhàgail ach mi fhìn.

Tha mi a' teicheadh a-rithist bhon phrìosan ghrànda ann an Inbhir Nis, tro thogalaichean is taighean fuara nach cuidich mi. Tha mo chadal trom ri taobh na h-aibhne air feasgar samhraidh, tha mo bhuill a' reothadh fo làraidh am meadhan a' gheamhraidh. Chan eil air fhàgail ach mi fhìn.

Tha mi air tilleadh dhan taigh agus tha am bodach na shuidhe anns a' chathair aige fhèin, aodann rocach, coileanta gun ghearradh. Tha e a' coimhead orm dìreach mar a bhiodh Ailean. Cha chan e guth. Tha an t-ùrlar na eabar-fala fo chasan, tha na ballaichean air am peantadh le seallaidhean às an Droch Àite. Imlichidh faileasan na lainntir iad, a' sìor iarraidh thuca, gu am blas. Ach chan eil sgeul air Ailean, is cha chluinnear tuilleadh srann na Dallaig.

Thathar a' cur cheistean orm dha nach eil faclan agam. Poileasman nam thaigh fhìn is fàileadh mòna far aodaich is analach. Dotairean is nursaichean air falbh, fàileadh siabainn far an lamhan, fàileadh geur ach glan far an èididhean geala.

Tha ceann a' bhodaich a-nist na lamhan is chì mi deòir a' brùchdadh na shùilean airson na ciad uair. Tha iad a' sruthadh le sgoinn air a bhusan. Tha car de thruas agam ris, oir chan urrainn dha stad a chur orra is tha sin cho nàr leis fa chomhair a' phoileasmain. Chan eil fhios a'm dè as còir dhomh a dhèanamh. Beiridh am poileasman air cùl amhaich orm, airson cùisean a leasachadh, is thèid mo chaitheamh a-mach dhan oidhche bhuain.

Faighneachdaidh tè bhrèagha dhìom latha mu ghaol is cion-gaoil agus ciamar a tha mi a' faireachdainn mun deidhinn is am faodadh gu robh buaidh aig an dàrna fear air làithean m' òige. An robh cuimhne a'm riamh air duine gam thogail nam phàiste, gam thatadh? Cuin a stad sin, carson?

Am bu thoigh leam feadhainn dhe na faireachdainnean agam a chur an cèill ann an dealbhannan? Glè mhath. Càit a bheil mise? Sin mise fon bhòrd ri taobh a' choin-chaorach. Sin a' chathair aig a' bhodach agus e fhèin agus Ailean nan suidhe oirre le chèile.

Sin an Dallag anns an leabaidh – chan eil coltas oirre gu bheil i dol a dh'èirigh idir an-diugh.

Sin m' fhearg, na suidhe air a' chathair fhalaimh aig taobh eile a' bhùird, tha i a' reusanachadh agus a' dèanamh a' ghnothaich air an dithis eile. Faodaidh mi èirigh bhon ùrlar, oir cha chù mi, buinidh mi do chloinn nan daoine, 's e seo mo dhachaigh. 'S airidh mi air spèis.

Sin m' eagal, ge-ta, ag èaladh fhathast fon bhòrd agus slaodte rium, chan fhalbh e dhìom, oir 's e a dh'fheumas mo chumail fon bhòrd a dh'aindeoin fileantachd na feirge. 'S e tha dèanamh cù dhìom.

Caithidh iad pìos feòla thuige, beiridh m' eagal air le fhiaclan is nì e deagh chagnadh air mun sìn e dhòmhsa an cnàimh.

Agus 's e sin m' aoibhneas: chithear i air bàta mòr a' seòladh a-null fairis, saor bho phàistean is bho aontranachd, tha i bòidheach agus tha ad mhòr leathann mu ceann. Tha muinntir a' bhàta a' toirt an aire dhi a' dèanamh cinnteach gu bheil i comhartail, a' tuigsinn an t-suidheachaidh chruaidh san robh i. Cò nach teicheadh roimhe?

Sin m' aithreachas, agus tha e ag iarraidh seòladh còmhla rim aoibhneas, ach cha deach innse dha cuin a bhiodh i a' seòladh. Feumaidh e tilleadh dhachaigh dhan taigh ud, feumaidh e fuireach ann airson dusan bliadhna eile mun tèid fhuasgladh is a chur fo ghlais a-rithist.

Graduating

My mother's a nice person. Her hair is nice, her smile is sweet, and she smells nice. Her twice weekly gym session and careful diet ensure a tidy form which she enjoys. Today she looks beautiful in a light blue suit and an exaggerated hat. My father's menacing pinstripes hang hidden in the wardrobe in the house where I was brought up in Kent. Mum has chosen a light grey suit for him today. He has elected to combine it with a bright red tie.

"It's all down to the support team, Elizabeth," Bill cracks to her. "I mean, while I appreciate these two years have provided a fabulous bonding opportunity for Kerry, Ross and myself, wouldn't you say being sent out fishing by Gill to a drained canal in midwinter is stretching the exercise a bit?"

He squeezes my hand, beaming at Mum and me, and I love him. He really tries to love me.

"And did we run home within the hour?"

"No chance, Gran," shouts Ross. "We had to walk up and down the canal bank telling each other stories for about three hours."

"Four, actually," Kerry affirms. "What a blast!"

Kerry's cute at fourteen, going on forty, with quite a devilish sense of humour.

"I'm looking forward to next year's canal pilgrimage then," I proffer. "Let's make it an all day and all night one."

I hug the kids to thank them for the many hours and weekends

I spent on the theory rather than the practice of socialisation.

Other gowned creatures file past. Mum looks as young as many of the undergraduates' parents. She looks just as happy for me, just as involved.

"I wish Robert would get a move on," she frets. "It's almost ten to twelve if we are going to get a half-decent seat. Knowing him, he will be backing in and out of the tightest of spaces, rather than walk twenty more yards. Honestly, Gill. He is thrilled, I know that."

There had been plenty of parking spaces when we walked up Kelvin Way forty minutes earlier. Me decked out in Frasers' formal finery, quite embarrassed and uncomfortable in these silly shoes I didn't have to buy. Ross like a mini-adult, his short spiky blond hair still to absorb some sprinkles of shower water, quite nerdy (but suiting him) in his bow-tie and pale green shirt. Kerry, elegant, comfortable with her transition, thank God. I'm missing her already and she has made no plans to go anywhere.

Bill looking smart but, as always, choked by a formal white shirt tightening round his thick-set neck and a suit aching to be ripped off and replaced by a t-shirt and shorts. The archetypal Ozzie in Glasgow. Definitely deserves all the slagging he gets. I would be crap without him.

To Mum's relief, Dad arrives, slightly out of breath, dabbing at his large brow. His hair is now very thin on top and completely white. He looks oddly like a croupier.

"Get parked ok, Dad?" I enquire.

"Yeah, love, I remembered I needed film for the camera, had to walk the length of Gibson Street. These things are important, Elizabeth."

Dad always insists on photographing major family events. We stand in the frame and from the outside he catches us still for a second.

It is summer and I am at the start of it all. I am ten years old and have been playing football with friends and unaware of time passing. Dad appears at the pitch to call me in. Mum has taken my younger sister to see our cousin Marjory's new doll's house.

Dad is angry, did I know it was almost 10 o'clock? He was worried.

"Ok, ok, I'm coming, just stop going on in front of my friends."

"Who were the boys?"

"What boys? The gang."

People I hung out with in the summer holidays, played football with. Mum knew them all.

"What do the boys talk about?"

"Nothing."

"You better have a bath, those knees are filthy." He runs it (a first, as far as I can remember). He does not leave a towel.

Nothing but a look that night as he brings me the towel, his anger falsely maintained to justify his lingering presence. Helping getting me organised for bed. His rank breath too close as I brush my teeth.

Mum came back in time.

I'm sitting between Carol and Jenny, two other Masters graduands. Like me, Carol has returned to education following a long gap bringing up her two boys. Her youngest, Paul, has been having difficulties at school. Accounts of bullying and then him refusing to go. I think of my two over-confident, sarcastic bruisers and wonder at how well I've maintained the act. Jenny is a fun kid and very bright. She must be around twenty-five and has clear if somewhat fixed ideas on where she wants her life to go and where she doesn't. Imagine your life being yours? Carol's mascara is smudging in the heat. There must be over three hundred in this rarefied hall. Thank God, I don't have to sit exams here again. I can sit quite dispassionately and listen to or completely ignore the gargle of cloaked worthies.

Bill doesn't know about Dad. I intended to tell him when we knew the commitment was strong – the time when your ego wants to scream out your every single failing euphorically, seeking not understanding or acceptance but praise for being so candid.

I feared a true declaration of this nature would have had a much more negative effect. I'm doing really well and Dad knows that he no longer has any control and has no opportunity to try and regain it. As my Counsellor said two years ago, "You are now the powerful one, you make all the choices. To see him, to reject him, to let others know about him." I usually believe she is right.

So why do I still care about whether he is proud of me today and want him truly to understand the significance of my achievement? Thrilled – really? For whom?

I can see them all clearly sitting high in the Gallery above us. Bill, Mum, Dad, Kerry and Ross. Mum and Bill seem to be having a great laugh. I have caught both of their eyes twice – they look back at me as if to say, "Well, I never knew that about Gill as a child, a partner, a mother."

Bill's arms are now waving wildly to accompany the whispered tale being chewed through Mum's left ear. Mum licks her lips sensuously.

Kerry, sitting between Dad and Ross, is relaxed and open. Her smile appears completely unforced as she responds to questions about school and future career plans. As her body uncoils I can see the gap between her silk blouse and her chest widening. My father's avuncular smile also widens. It seems he's warming to his now grown-up-looking grand-daughter whom he hasn't seen for over a year and a half.

I'm panicking, screaming inside, trying to run, to escape; locked in, forced to return, sit or lie still and take it. Never allowed out, never allowed to break the silence or challenge the unquestionable veneer of normality.

I look up frantically to catch and pull Kerry's eye from my father towards me to where it's safe. She turns in more and focuses on the red tie, revealing inches of flesh above her left knee. Only Ross's attention is available to control me. He is happy to be excluded from Grandad's rather pointless stories, content with a younger brother's lot and our special relationship. He gives me a "Hi, buddy" wink.

Finally we move.

Jennifer MacArthy – with Commendation.

Gill Brown – with frightened tears.

Carol Anderson – with a nervous-looking glow.

The sun bakes the heavy black cloaks as we gather in the queue for strawberries and champagne. Carol is signalling to her family to come down and join her. Perhaps my lot has been directed out through a back exit. A large Italian family takes up position under a sumptuous oak tree and orders are gesticulated to a couple of cropped and scrubbed teenage lads. The boys ferry their precious goods with extreme care, firstly to the older members of the team, before racing back to the table to receive more.

Next to the Italians are a couple in their late twenties who sit sipping champagne and intermittently down glasses to chase and retrieve Samantha, their gorgeous daughter. A little doll around two, she is much more interested in reaching the far corners of the vast lawn than in celebrating her mother's achievement in a relaxed fashion.

Samantha's father has a largish camera strapped over his shoulder and looks quite uncomfortable in his role as today's main supervisor. He would definitely be more nimble without the camera, though. Could be me yesterday – or else thirty years ago. I'm not sure which.

I lose them as they charge through a throng of chattering bodies and I reach the smile of the champagne ladies.

"Well done, Mum. Two glasses will do me for starters." It's Kerry and she plants a kiss.

"Is one not enough just now?"

"No."

"So, are you going to drink both of them?"

"For God's sake, Mum, lighten up. I thought we were going to have some fun today."

"It's not a question of fun."

"Mum. I'm going to have one glass of champagne with a few strawberries, without cream, and I'm going to take the other glass as requested to Grandad. Ok?"

"No. Yes, where is he? Where's Bill? Where's Gran? "

"They are stuck with some old geezer in the courtyard.

Apparently Grandad used to box with him way back."

Mum and Bill and Ross appear at the edge of the lawn and Kerry escapes with her small tray and short skirt. I now see her from behind like a barmaid purveying the possibility of cheap excitement. She throws her hair back as she sidesteps Mum and Bill. The tray is raised high with feigned exultance.

"Sorry, darling," Mum implores. "Trust Robert to run into some old sparring partner."

"I didn't know Dad boxed."

"Didn't you? Oh, yes, he was quite a champion when we first met. I used to enjoy watching him slaughter his opponents. Would be considered quite barbaric now, I suppose."

"Bit of a macho man was your old man then, Gill," Bill quips. "A bit of a boy. Trouble is guys are far too soft nowadays."

With a slick move, Bill removes the champagne glasses from my hand, passes them to Mum and grabs me by the waist as if to throw me onto the ground playfully. His eyes are full of boyish excitement. Ross whoops "Fight, fight, fight," and we are the centrepiece of a playground brawl. I gasp for breath below Bill's brawny frame and dig my claws desperately into his back, preparing to yell at the top of my voice.

"*Stop it. Stop it now!* Bill, leave Gill alone."

It's Mum, not me, that is screaming, and Bill immediately lets go.

"Don't ever fight with her," Mum gulps. "It's never funny." She releases her grip slowly from the champagne glass stems, and we endure an abashed silence.

"Poor Ross," Mum exclaims, pulling back, smoothing, desperate for restitution. That pathetic voice I detest so much, denying our shared reality. "You didn't get anything to drink, Rossy – why don't you run over and get some orange juice."

"I'd rather have some champagne, actually, Gran," Ross pushes, mercilessly unaware.

"It's fine, Mum. It'll be ok, honest. Ross can have a little champagne."

Leaving the family without explanation, I cross the lawn behind the Italians and pass close to Jenny and her boyfriend. I avoid eye contact. They are engrossed in uncorking an obstinate bottle of red wine which Jenny is demanding be given back to her.

The University courtyard is cool and has reassuring boundaries. Giant shadows, however, slink from low walls onto gravel unsevered. I rush from them towards the Registry door, which allows access to the rear courtyard area. It curls open, hospitably.

The polished linoleum, the smell, it assaults me. First day back at school after the summer holidays. Miss McDade's registration period. We are asked to write a brief account of a recent interesting or significant occurrence.

The only clean thing about me is a floor scrubbed raw and then meticulously polished on top. The odour of disinfectant lingers pungently under the sickly sweet of wax. A wooden trestle desk, designed to deny succour, keeps my hand in check.

But there's my name along with the others pinned to the green baize notice-board. I want to parade those who care past it, ask them to luxuriate in its every detail. The University of Glasgow crest, Faculty of Social Sciences, Department of Social Policy and Social Work. The following candidates have been successful in attaining a Degree of Masters in Social Science Research. Dean of Faculty, J W Scott, in curvaceous fountain pen black, sealing the reward for Gill Brown: for me.

I open the heavy back door with irrational trepidation. Its over-sized knob is too big for my hand. The hinges creak much less than I would have thought.

At first I don't see them because my view is partially obscured by a large bay window.

I exhale and step out boldly beyond it.

They have their backs to me, and despite the suddenness of my movement and the volume of my inner scream, they do not startle. The hidden game continues unperturbed.

Kerry raises her hand with ease and takes a long intoxicating suck on the cigarette, rushing smoke through a tightened mouth into her fresh lungs. Impatient wisps slip under the diaphragm and reach down, far down, to lick her tensed perineum.

When she has recovered she hands their shared secret back to Dad and drains the last sip from her champagne glass. They turn round to face me and I see that Dad is no longer wearing his red tie.

Seachd Àraid na Seachdadan

Last Respects

It was Charles's singing, in the end, that saved his skin, until the last song closed. His frequent outbursts of arias and 1920s Concert Classics just managed to attenuate an extreme exasperation caused by his incessant demands for stronger tea. As it was, the nurses 'loved him to bits', and from my position in the church, I could see at least five of them had come to share in the loss of their 'Mister MacHale': my dear childhood friend, Charles.

Many solemn relatives had also gathered for the occasion, occupying the front rows of St John of the Cross as was their undoubted right. I can only presume young Robert MacHale was somewhere among them. Charles would often impress on me that his nephew was quite a brilliant artist. From what he was creating in St Flannan's Primary School in the late 60s, he was surely destined to be one of Scotland's leading forces in the years to come. His father, old Robert, now sadly the last of a generation of eight MacHales, had apparently not inherited as much of their grandmother's artistic ability as his son. He did, however, enjoy very much the haunting sounds which squeezed through his VHF wireless, often quite late into the night. A young John McCormick singing *Panis Angelicus* had caught him quite unprepared the previous week. This he shared with me, gripping hands and eyes. The rich tenor voice was still reverberating sweetly on the day of the funeral, still hurting him, demanding his older brother Charlie awake from his slumber and sing.

Whether Charles's other revered nephews Steven or Gordon MacHale were there I couldn't say with any certainty. The truth is, I had never actually met any of Charles's side of the family personally except old Robert, when I made that one visit to the Eventide Home. Their names, however, were so familiar from long hours of hearing of their histories and youthful exploits that I felt I should at least have recognised a face. But of course I didn't.

The only actual conversation I had with a family member was predictably stilted.

"Are you one of Charles's . . .?"

"Aye . . . a nephew."

"A MacHale?"

"Naw, A'm one of the Sinclairs – Steven Sinclair."

"Pleased to meet you – I'm, eh, Calum MacRae."

"A know – Charles was always talkin' about you. Are you still in Harris?"

"No, we, eh, moved to Edinburgh about five years ago."

"You're a lawyer, aren't you – or is that your brother, Andrew?"

"Yes, aye, we both did law."

"I think I saw him last night," Steven added with certainty.

A new case pending on Thursday had precluded even the thought of Andrew attending Charles's funeral. My sister Jean confirmed that she had seen him arrive in the church shortly before the Rosary the night before and in the next breath judged that he had made 'a smart exit' soon after it was concluded.

That left only three of our family – Jean, my father and myself – to sit together around the middle of 'the Chapel' for the first time in twenty years to listen to the comfort offered by a Fr Brian MacHale.

"There's another boy who could have done anything," Charles would often proclaim, almost excusing his sister Mary's son's choice of career, but always adding, "St Vincent de Paul was exactly the same, you know – that's the blessed mystery of a vocation to the priesthood: it chooses you."

The boy, now in his early forties and recently returned from the missions in Colombia, seemed to have cultivated an interest in poetry and its power to articulate what he found challenging or awkward. Though it's possible he just dipped in for family funerals.

My mother 'the Doctor''s not being there seemed, as she herself would have said, inappropriate if not quite impertinent. Her untimely death three years previously I found especially difficult to condone at Charles's funeral. Charles had celebrated his eighty-eighth birthday with a cake packed with candles the previous March. My mother's heart attack a year after she had retired was a crippling, painful portent of her death four years later, aged sixty-three. I was told the news two weeks after the funeral through the fuzz of an altitude headache while travelling in Tibet. I still hadn't cried.

As my mother couldn't share Charles's family's grief and offer professional and private words of support, that rather important role had been left unfilled. Despite this, I could hear her commentary distinctly above the discordant hymn singing. "Do you see Edward Reilly? Poor man. He's sitting over there behind the Immaculate Conception altar. Surprised to see him out. He's looking awfully frail these days."

I glanced towards my elder sister; her stoic concentrative gaze was gently melting.

"So clear," I whispered, "her voice."

"Never did like *The Star of the Sea*, did she?"

"You ok?"

Jean assented with a half-smile, which momentarily stemmed the filling of her mirrored pools.

"Who's that over at the Immaculate Conception altar – he keeps turning round and smiling?" Her voice was fuller than I expected.

I understood then and answered, "That's Edward Reilly."

Inside I bade farewell to Charles, my mother and the security of the story of childhood.

You see, when other young Mums were screaming to deaf seven year-olds to get off the road "*Now*" or to come in "*Right now*" for their dinner, I was already there and had been for most of the morning. I was often still there, actively listening, in the afternoon, until my mother's car crackled to a halt on the gravel and her stylish heels clipped up the three steps at the back door.

"It's no right for a wean to be cooped up all day long, Charles," his wife Pat would comment impatiently. "I thought when you retired fae the Telephone Exchange you wir gaun tae help me in the Doctor's hoose. Some help ye ir, fillin that loddie's heid wi yir nonsense aw day long. That Hoover willnae hoover by itsel."

Charles would sometimes escape and take me for a walk 'up the Rugby pitches' or 'down the toun.' Outside, free from interruption, the stories could only get better. I panted to keep up with them.

Caruso's childhood, fishing in the ever exotic Luggie, Charles's

98% score in the 11-plus exam, the rationale behind his one wrong answer and his ultimate failure to secure a bursary for Art School. These and so many other eclectic memories I wore tightly round my slight vested frame and vicariously shaped them through an intense imagination.

The one-eyed Co-op employee stopped us in our tracks unexpectedly on the day after my birthday. He was much taller and older than I had seen him in Charles's story, his glass replacement much less obvious, and no sign of an arrow protruding through the back of his head.

"Do you still hate your twin brother?" I enquired.

Charles lifted me up level with the fellow's nose and I gently poked the right orbit, once, twice. He didn't flinch or even blink and, yes, it did feel just like a marble.

That night I placed a blue-ocean 'fancy' between my upper and lower eyelids and managed to walk a few paces with it before it fell onto the floor. That story would never be the same again.

When I fell into the burn on a walk back from the Woods, Pat's first interpretation was that Charles was too busy telling me stories to have paid attention to my welfare and she berated him wickedly as only she could.

I felt differently. As far as I was concerned, Charles had saved my life, for which I was most grateful, but he had also had caused me extreme embarrassment by insisting I wear his overcoat as he marched me past the houses of every human being I knew in the scheme. In my opinion he was over-attentive and I would gladly have run half-naked but invisibly home to Pat.

Pat could also tell stories – when she got the chance – but hers, while sometimes touching on similar worlds to those of

Charles, appeared more grounded in reality – often the harsh reality of pre-war poverty in Croy. Perhaps it was the telling that was different, or rather the subconscious contract between child and principal guardian, that demands reference points be clearly defined and kept consistent.

One story she told then and regularly for years to come concerned her sister and a visit to a coal cellar and my solution as a four year-old, forty-five years on.

At dusk one winter around 1929, Pat had gone round to the back of her house to fetch coal which was stored in a large cellar entered through a heavy door. She did not want to take her father's mining lamp, as this would have involved removing it from his bicycle, which, frankly, she couldn't be bothered doing. She reckoned that if she left the door ajar there would be sufficient light to fill her two zinc pails.

As the coal heap was well down, she had to take a few steps into the depths of the cellar to begin gathering. Predictably, her thirteen year-old sister Bridie walked by, closed and locked the door of the cellar, and then somehow lost the key.

A few hours later, when old Hughie and Mary Fairlie discovered their terrified daughter was imprisoned in the coal cellar, there was still the problem of how to get her out.

"What was the problem?" I reputedly declared, having heard frequent references to Bridie's proportions in later life. "Why didn't Big Bridie just knock the door down with her belly?"

What had been a real-life horror story, with enduring sequelae, was now an innocent comedy classic, designed to break your heart.

Latterly, visiting as a reluctant student home on holiday, I would dread her commencing this story, as it was sure to induce a paroxysm of coughing in anticipation of the punch-line. This understandably frustrated Pat, and her knee-jerk condemnation of Charles was as fierce as it was frightened. An International Law final in my second year stole me from publicly mourning the woman I knew intimately and completely privately.

I had only looked at one side of the white card placed in my hand by old Robert as we clasped at the church vestibule. A large number 3 was printed on its smooth surface. Throughout the service, I had turned it over many times in my suit pocket, flicking it between the tips of my forefinger and middle finger, never showing it to any of the other participants, ready to reveal and play it at the right time. A closing prayer round the coffin with a Latin title caused me to inspect the card more closely.

"Out of the depths I have cried unto Thee, O Lord."

The other side bore an illustration of a coffin with eight numbered places: Number 3 was at the front and to the left of the head.

"Lord, hear my voice."

Members of the family were beginning to move from their rows: old Robert was summoning them with an understated nod of the head. Those who had accepted the card knew they must now declare themselves.

"Let thine ears be attentive to the voice of my supplication."

A stout man in a light grey suit in his mid-forties was moving towards position Number 4 according to the card. He didn't look at all like an artist in the flickering light. Perhaps his aspirations had been similarly unfulfilled, or were they really Charles's dreams all along?

"If Thou, O Lord, shalt mark our iniquities, O Lord, who can abide it?"

"Calum," he stated as we linked arms under Charles at the close of the prayer.

"Yes. Robert?" I was quite certain.

"No, James." His eyes looked deeply into mine.

The altar boys had now assembled and, following considerable prodding from Father Brian, began to lead the coffin-bearers up the long aisle to the back of the church. Both of them wore denims and colourful training shoes, and the one on my side had the beginnings of a hole appearing in his right white sports sock. I had seen him racing up the same aisle to place the offertory gifts just before Mass began and could relate to his difficulty in maintaining such a laggard pace, despite the sizeable candle.

I wondered if the going rate for altar boys had increased much from the £2 I had been passed in a brown envelope from Father McGee in the mid-seventies. I had hidden it in a trouser pocket deep below the folds of my red soutane and had almost forgotten to retrieve it on my return home later that day.

The undertaker commanded we stop outside the entrance to the church. The sun was blinding. He would guide us down the steep steps one at a time. He knew the score, having been there many a time. Unfortunately, James, being around 6ft 4, was taking all the weight at the front of the coffin, and I noticed large beads of sweat merge and roll behind his open collar. I tightened my grip round his shoulder. An ineffectual gesture of solidarity.

At the bottom of the first flight we were halted and encouraged to take a breath and regroup. The squeaking of leather and wood ceased momentarily. Charles would have been impressed by the thoroughness of this dapper official, a very different character from the drunken Irishman who had buried his mother in 1932. (I had met the woman his father subsequently married. Her house was at the back of the school.)

A gust of wind brought welcome respite on the last leg to the limousine. I noticed the priest's white surplice ahead fill like a pillowcase round his black cassock; the altar boy on the right was cradling a protective hand around his vulnerable flame. The young athlete's candle had long since gone out.

It was the undertaker and his assistant who took control of positioning the coffin into the car. After they had placed old Robert's wreath on top beside Charles's brass plate, the door was closed.

As Jean's car was in the garage, my father drove her back to work. He turned the windscreen wipers on as they carefully nudged past the two imposing vehicles, still awaiting their cast.

I had every intention of following the cortège to the cemetery, and, indeed, I was making my way there alone when I found myself turning right at the roundabout in the direction of Stirling. An excusable error, this being my normal route home from Jean's. I could still turn at the garage beyond the convent and be in good time. The car sped on in silence.

What would I have said to them? What polite questions would I have asked? How would I have explained the intervening years between leaving university and now? Those, who had fulfilled their duties honourably throughout the years, deserved this final approbation. I had starred strongly in youth and then disappeared without trace.

I stopped at Harthill for petrol and was suddenly desperate

for a coffee. Poured from an indolent flask, it was bitterly stewed and almost undrinkable. Returning to the counter, I placed two sachets and a plastic spoon in my jacket pocket before adding some more milk. I sat down and stared.

The white card was coffin side up but back to front, and lay flanked by the cheerful sugar sachets on the Formica table. Number 3 was heading towards the toilet. It suddenly dawned on me. The numbers: of course. Carrying the coffin out of the church: that was only a minor part of it, if at all relevant. This small prize actually identified the cord-bearers who would lower Charles into the ground and thus perform the ultimate task. They would bear the weight.

I trust a close family member assumed the role, and ended Charles's story.

Taigh-Òsta an t-Siubhalaiche

Bha ise air a bhith anns an t-seòmar o chionn dà uair an uaireadair; bha esan ann riamh.

"Faodaidh tu falbh uair sam bith. Nach tuirt mi sin riut, m' eudail, a' cheart mhionaid a dh'aontaich thu."

"Naw, A cannae. A'm stuck. A cannae go hame. A'm stuck here wi ma man's mince."

"Trobhad ort, a thasgaidh bhig, gu dè thubhairt sinn: tha siud uile a rèir na dòigh anns am bi sinn a' coimhead air gnothaichean. Seall, coimhead air mo lamhan, nach saor iad, saor gu falbh, saor gu sgiathalaich."

Chuir e a chùl rithe, is theann e ri samhlaidhean eun is ainmhidhean a thilgeil air a' chùirtear odhar shracte a bha air a dhraghadh mu làimh ris an uinneig.

Ghabh feòrag mhòr mhòr leum thuice gu h-obann, ga cur à cochall a cridhe, ach thionndaidh i an uair sin air aon spòig is shìn i air a beul foidhpe air a' bhrat-ùrlair thana shalach. Na rathad suas a-rithist chaidh i na h-ialtaig dhuibh ghrànda air an robh ainmein prìosanaich.

Gu h-àrd mu cheann shuas nam ballaichean, chitheadh i a' bhiast a' seòladh 's i ag iathadh eadar orains oillteil agus liath fhliuch, a' teàrnadh an dràsta is a-rithist is a' snotaireachd mu oir an t-sinc an tòir air glainead. Nuair a bha i air a sgràthachadh buileach, leig i bhuaipe a bhith sireadh ceann-uidhe nach ruigte. A-mach leatha mar dhroch aingeal, thro bhristeadh sa ghlainnidh, dhan t-soilleireachd chunnartaich a bha a' tathaich nan sràidean an latha sin. Sin na sràidean òir ann am Bridgeton.

"Ye telt me A could jist be with you fir a wee while – nae big deal, nothin attached. Ye'r a liar, by the way."

"Wow, wow, nist, socair thusa ort. Tha thu ag ràdh rium gu bheil seo nas miosa na bhith aig an taigh. A bheil? Cho faisg, a ghaoil, ach saoghail mhòra bhrèagha eatarra. Do chas air an taobh cheart, an taobh ceart, a luaidh mo chridhe."

Thog ablach de sheabhaig inneal na TV na gob, chaidh i sa bhad na gunna-làimhe is loisg i le dealas air aghaidh a' bhogsa mhairbh. Chaidh an seòmar a chur na theine le suarachas-craolaidh.

"So, Helen, when your husband revealed this horrible secret, you just, like, accepted it. Even though you knew what the consequences would almost certainly be . . ."

Cha chuala duine aca idir an gnogadh air an doras, is nuair a dh'fhosgail e mar sin le dìosgail, a bha na bu choltaiche ri ràn pàiste, chlisg an t-eun mì-chiatach is leig e às a dhèideag chumhachdach. Thuit i siud air a ceann dìreach, a' leigeil le dithis mhòra reamhar à Iapan, a bha ri carachd, brath a ghabhail air an sgiorraig.

'S e boireannach àrd, air an robh gùn fada airgid agus làmhainnean geala suas gu h-uilnean, a chuir a-staigh air a' chleasachd aigesan. Thug riochd leòmach na tè seo sòlas air choreigin dhìse.

"Chan eil i deiseil, a Ghràinne." Bha geilt air. "Chan eil i ach air tighinn. Thalla, thalla is cruinnich an còrr an toiseach, leig leam. Bheir dhomh barrachd ùine leatha." Bha cop mu bheul is a shùilean a' dèanamh guidhe rithe.

Cha robh Gràinne a' toirt cus feairt air, ach bha i coimhead oirrese an dòigh a bha a' còrdadh rithe is a thug blàth na gruaidhean.

"Tha an còrr an làthair."

Cho diabhalta cinnteach aiste fhèin 's a bha i, shaoil leis.

"Tha an teine laiste. Tha am partaidh a' dol a thòiseachadh uair sam bith tuilleadh. Bha fios agad glè mhath air a sin."

"Chan eil sin gu diofar an dràsta, Ghràinne. Faigh Conan. Tog am trustar far na cathrach mòire leisge sin aig aghaidh an taigh-òsta. Beir air amhaich air ma dh'fheumas tu. Bheir leat suas dhan t-seòmar-bhàil e. Cuir na sheasamh ri taobh na cagailte e. 'S fheàirrde a chnamhan a bhith blàth a-rithist. 'S dòcha gun inns e naidheachdan eirmseach do chàch."

"Tha mi a' smaointinn gu bheil thusa a-nis a' fanaid ormsa, is cha toigh leam . . ."

"Chan e sin idir e, Ghràinne. Nach biodh beagan truais agad rium. Seall, chan ann tric . . ."

"Haud on. A don't get it, pal. Who's your China doll, Gràinne, tho it's somehin' she got a name, who the hell's Conan, and if there's a pairty who's aw invited, in how cum she wants me there so much, in you don't? Ey, gonnae gie's a wee clue?"

Thionndaidh Gràinne bhuapa is dhùin i an doras air seòl cho soirbh 's gun saoileadh tu gu robh e air fhuaigheal ri a gùn. Chrath i a ceann gu cuimir an comhair a cùil mun deach i buileach à sealladh. Ach rinn i cinnteach gun do dh'fhàg i brath aca ris an fheumadh iad èisteachd a dhèanamh.

"Tillidh mi."

Chuala an dithis aca sin gu soilleir. Sin uile.

Ise a bha air an sianal air an TV atharrachadh, fhad 's a bha esan a' dèanamh suas ri Gràinne. Bha i nist na crùban air a bheulaibh, a dà làimh shuas mu na cluasan los nach bu lèir dhi aodann-san. 'S e dithis bhoireannach mu leth-cheud à Tennessee còmhdaichte ann an deiseachan-spòrs lycra a bha a' mìneachadh gu drabasta carson a bha iad ri bualadh nam fear aca.

"Cha till ise idir," ors esan an guth biorach coltach ri faoileig. "Cha robh an siud ach buamastaireachd a' cur an ìre bòidhcheid rinn. Na creid facal dheth.

"Cha till, cha till, cha till i tuilleadh
ged chreacheadh na h-eòin na neadan uile."

Chùm e ris a' phort-phìoba is fiamh air mar gu robh e an dùil ri lùths fhaighinn bhuaithe, 's shìn e a-mach a ghàirdeanan cho fada 's a rachadh iad is thòisich an sin boil de shiabadh sgiathan.

Lùths on phort ann no às, thug rudeigin air falbh air feadh an t-seòmair is chluinneadh i e eadaras a bhith sreap air an dreasair air a cùlaibh no a' leum far na leapa. Bha a' chulaidh-ghràin a' sgreuchail fad an t-siubhail aig àird a ghuib agus b' fheàrr leatha gu mòr gun suidheadh e is gun dùineadh e chab. 'S e fhaileas dubh a dhealbhaich a dhannsa dhìse, ann am meudachd mhòr, air a' bhalla phurpaidh mu coinneamh, agus ged a chuir an dreach aige gairiseachadh oirre cha do ghluais i leth-òirleach.

'S ann nuair a bha e ag imlich a spuirean an dèidh dha anail a tharraing a bhruidhinn i ris.

"You want tae behave yersel, son. Dis yer maw know ye dae aw this burdie stuff?"

"He he hò hò hirì hirì, 's mise a bhios a' cumail nan ceistean, agamsa a tha iuchair na saorsa, mura falbh sinn air sgèith chan fhosglar leatha.

"Tuig, tuigidh, tuigeam, tog. Tiugainn leam thar an aiseig."

Chaidh e null thuice is dh'fheuch e ri a làmh a thogail, ach ghoid i air ais bhuaithe gu grad i. Bha a làmh-san sleamhainn ach fuar.

"Any kinky moves, boyo, and you are dead. Comprende?"

"Saoil an tuig? Tuig! Tuigidh. Tuigidh mi sin. Nas mairbh' na meanbhchuileag air clogaid ghairbh."

"An toigh leis an duin' agad mince?" ors esan, nuair a bha sgiathan an dithis aca mu dheireadh thall ann an co-sheirm.

"Aye, no bad. A gie it tae him every Tuesday, so A do. Davie the butcher pits it in a poke fur me. He aye tries tae pit a wee bit steak through it. It's no easy to eat steak mince every week on a bus-conductor's wage."

"Gu dearbha, gu dearbha fhèine, chan eil. Tha thu cho snog siùbhlach, ge-ta. Brèagha gu siubhal, aotrom gu falbh. 'N aire dhan sgàthan san tionndadh – sin thu, cuir cothrom a-nist iad."

Chuir iad deannan chuairtean àlainn còmhla air an rùm ghrànda. Bha ise a' sìor thogail nan innleachdan cearta. An rathad gu ruige fìor shaorsa a' fosgladh roimhpe, a dh'aindeoin gach nì a chuireas neach fo chuing.

Esan a' stad an toiseach is e a' gearain cion na deò. Rinn ise cuairt no dhà eile slàn mun do shuidh i ri thaobh.

"Math?"

"Magic!"

"An t-acras ort? Tha eagal orm nach eil mince agam."

"That's aw right."

Thug e poca chnothan a-mach fon leaba. Bha am blas orra cho math ri Fry's Chocolate Cream.

Ise a dh'iarr airsan na h-iteagan a chur gu dol a-rithist, esan ga leantail mar pheata dìleas. Air uairean, rachadh e cho faisg air a h-earball is gun fheumadh e a shròn a thogail los nach buineadh e dhi. Bha seo anabarrach cneasta leis.

Dh'fhalbhadh ise mar iolaire mhòrail, fhios aice gle mhath cuin a dh'fhaodadh i sìneadh a-mach gu tur is a lànachd a chur fa chomhair gun chùram. Sìon a bha san rathad oirre, chitheadh i fada mun ruigeadh i, agus cha robh air a shon ach atharrachadh beag a dhèanamh na cùrsa ann an deagh àm is sheachnadh i gu snasail iad.

"A'm flyin' so high, Osgar. A don't think A kin stope. A don't want tae stope, Osgar."

Bha i air ainm-san fhoghlam.

"Swish, swash up an doun, roun aboot. Haaaa, haaaa."

"Tusa an tè as fheàrr fhathast. An fhìrinn. Cha do thog duine riamh cho luath ri seo e. Cha ghabh mi orm creidsinn nach do rinn thu beagan itealaich reimhid. Mu Alexandra Parade, 's dòcha?"

Bha gàire mòr eireachdail oirre a-nist, a ceann air a thogail suas dìreach, cuimis na sùilean.

"Ye're aff yer heid, Osgar. Aw we done wis run aboot. This is flyin'. Yahooo. I'm leavin' on a jet plane, don't know whin A'll be back again. You aw right?"

Bha e air tuiteam air deireadh agus tè dhe na sgiathan aige car cam a' coimhead.

"Aidh, ceart gu leòr – direach rudeigin teann, feumach air beagan spionnaidh. Cùm thusa dol."

Nuair nach fhaiceadh i e, chàirich e gu fàilidh pile beag fo theangaidh, ach cha do dh'fhalbh an cràdh na sgèith dheis. An ceann mionaid na dhà chuir e dhà eile foidhpe. Bha a bhroilleach, a bha gun teagamh air teannachadh, a' faireachdainn mar gu robh dithis a' spaidsearachd air an taobh a-staigh dheth is ga phronnadh gu dona sìos is suas.

Stad e, ma b' fhìor airson sùil a thoirt air an TV.

"'S beag orm na daoine sin," ors esan.

Bha an luchd-fòirneirt a' taoslachadh amhaich a-nist cuideachd, gun dad a' beagachadh mun chom.

"Tha iad cho leisg ach tha iad a' smaointinn gu bheil iad a' dèanamh a leithid a dh'fheum. An dearg iadsan air falbh mar sinne? Tràillean!"

Bha an cràdh air fheadh do-fhulang.

'S e program mu dheidhinn Operation Rally a bh' air an telebhisean. Dithis òga a' mìneachadh carson a chaidh iad air a' chuairt, dè an tlachd a bh' ann a bhith togail sgoil do choimhearsnachd bhochd ann an Ceann an Ear-Dheas na h-Aisia. An Cambodia, no 'n ann a Bhietnam?

Bha ise air tighinn gu stad ri thaobh is i air a tàladh le cainnt a dh'aithnich i cho math ach nach cuala i riamh ann an leithid a shuidheachadh.

Balach òg air an robh geansaidh Rangers agus ceap baseball Nike a bh' ann, agus e a' cumail a-mach gun do dh'atharraich an turas a bheatha. Cha robh sìon a dhùil aige an còrr sheann daoine a dhochann tuilleadh.

Bha seo uile gu math neònach leatha is bha i dol a chur ceist air Osgar, ach cha do cheadaich an ùine. Dh'aom an seann isean air aghaidh, a theanga mach mar thè nathrach, a shùilean air an tionndadh nan tuill, is a lamhan a' spealadh gun rian a' feuchainn ri chridhe a shracadh às a chèids.

Shleug tuar fuar liath air a bhilean, is air ball shnàmh an ciarachadh na aodann ruidhteach.

"Don't you dare, Osgar – fuck's sake, you're ma main man. You're a wee shag. A cannae fly withoot you. A cannae crawl back tae aw rat mince. Don't you dare. Just stope the kiddin oan, right. It's no funny, right."

Ach cha robh Osgar bochd ri spòrs, ge b' oil le aimheal a' ghòbhlain-ghaoithe òig aige.

'S e pòg a' chiad rud air an do smaoinich i. Pòg a bheireadh beò e. Gob ri gob.

Bha blas geur mar dhìobhairt air a smugaid is chaidh e air an anail aice, ach dh'fheuch i ri làn a sgamhain a thoirt dha ann an aon sèideadh.

Ach cia mheud, cia mheud a dh'fheumadh e? Is dè an còrr? Dè bha còir aice a dhèanamh eatarra – ok, uchd a bhruthadh? A h-aon, a dhà, trì, ceithir – nach e sin an rud?

"That's it, Osgar boy. You kin dae it." Gob gu uchd gu gob.

Ach bha spògan Osgair a-nist air ceumannan mòra a leum sìos rathad nach lùb 's nach till ach corra uair on taobh a chaidh a chur a-mach dha.

Chòrd ise ris. Bha i car laghach. Bha i math air sgiathalaich cuideachd. Cha b' fhuilear dhi tuilleadh lathaichean air iteig. Bha blas mar Embassy Tipped air a bilean.

"Tha thu math air na cnothan, a m' eudail," smaoinich e. Ach bha an smaoin lag sin cho fada bho bheul 's nach b' fhiach feuchainn ri chur ga ionnsaigh. "Cùm a' dol. Cùm a' cagnadh nan cnothan."

"Come on – come back – wee Osgar – speak tae me – look, the telly's on – let's just sit doun an watch a few adverts – then a wee birl aboot the bedroom – easy. Flying Osgar, Osgar, chan fhaod thu m' fhàgail mar seo; tha mo chlòimhteach fhathast gun dealachadh ri h-òige."

"Osgaaaaaaaar."

Nuair a thàinig Gràinne ga thogail dhan phartaidh am beul na h-oidhche, b' fheudar dhi an solas a chur air gus gum faiceadh i ceart dè an staid anns an d' fhàgadh e.

Bha srad-ghèile a' ràcadh a-staigh air an uinneig is bha i air siuga shìtheanan a chur thairis. Ghlac an snighe dubh a bha a' liasgradh air cuibhrig na leapa a h-aire. Gu math puinnseanta coimhead gu dearbha. Chan iarradh i aona fhlùr a thogail.

Esan an aon rud a thogadh i, ge b' e cò bh' ann no gu dè chanadh iad ris.

"Nach buidhe dhìse," smaoinich i 's i a' dùnadh a-mach nan siantan.

"Gòbhlan-gaoithe!"

A-muigh, bha sràidean Bhridgeton gan còmhdach a lìon beag is beag le frasan de shalchar fliuch, agus gach uair a rachadh rothan clì nam busaichean an sàs ann am pollaig dhomhainn, bha an t-òr a' call barrachd dhe ghleans.

Tional Ruairidh 'ic 'Ain Òig

Uel, ma-tha, bha bodach ann uaireigin a bha fuireach anns na h-àiteachan a tha seo ris an canadh iad Ruairidh mac 'Ain Òig: Ruairidh mac 'Ain Òig 'ic Dhòmhnaill 'ic Nìll Dhuibh. Niall Dubh a bh' aca air a shinn-seanair. Duine mòr foghainteach, tha e coltach, Niall Dubh mac an Sgitheanaich. Clann Fhionghain an t-Sratha mar a feirte riutha. MacKinnon a bh' aca – 's e a th' aca fhathast, aig feadhainn co-dhiù, an fheadhainn nach deach nan Dòmhnallaich is na Walkers, tha sibh tuigsinn.

Co-dhiù, chan e duine cho mòr sin a bha ann an Ruairidh, ach neo-ar-thaing nach robh e làidir. Diùlnach beag treun. Cha robh e gu diofar dè an obair a bh' ann, biodh e cur no clachaireachd, gheibhte Ruairidh bochd an siud, na muilicheannan aige air an truiseadh, a' dol aig sixty, mun robh a' chiad bhalt air tighinn air an latha, is chan fhàgadh e gnothach, chan fhalbhadh e dhachaigh idir idir, ma bha tuilleadh treabhaidh ri dhèanamh no tuilleadh feòir ri bhuain, gu dearbha fhèine chan fhalbhadh, gu 'n tigeadh air a dhèanamh. A bhean bhochd, Màiri Anna Sheumais Dhòmhnaill, 's i bu trice a rachadh leatha fhèin ga shiubhal; boireannach gasta cuideachd; siud i a-muigh a' gogail ris bho iomall na pàirce.

"Trobhad a-staigh an drà-àsta, m' annsachd bheag" no "Suipear, a ghaoil, ròic mhòr, a ghaoil." Chluinneadh tu a' ghairm aice 'n Canaigh, an creutair.

Fhios agaibh, bha iad uile cho math gu obair sna lathaichean a bha sin, a h-uile mac màthar, ach am fìor chorra leisgean – dh'fheumadh àd – ach air a shon sin, bha iarann ann an Ruairidh nach fhacas idir am bitheantas.

Cha robh dìreach fois a' dol air an duine agus bha spèis mhòr aig muinntir an àite seo dha. Bha e gu math ainmeil air feadh an eilein mar fhear-obrach, Ruairidh mac 'Ain Òig.

Nist, chan eil fhios a'm air thalamh gu dè an rud a thachair. Bha feadhainn ag ràdh gur e tubaist a bh' ann, bha cuid eile a' cumail a-mach gur e seòrsa, mar a chanadh na seann daoine, de lionn-dubh a thàinig air. 'Depression' a bhiodh aca air an-diugh, tha mi cinnteach. Ach cha robh mòran bruidhne a' dol mu na h-anshocairean sin an uair ud. Cha robh a chridhe aca tuilleadh 's a' chòir a ràidhtinn eagal 's gun cuirte an sàs iad.

Co-dhiù no co-dheth. Ge brig gu dè b' adhbhar dha, 's ann a chaill Ruairidh a nòisean uile-gu-lèir dha na beathaichean is do dh'obair an fhearainn. Chuir e bhuaithe a h-uile h-aon aca, air an aon sale-gheamhraidh – seadh, na beathaichean; chum e dòrlach uan gu an ath earrach a-rithist. Chreic e uile iad an uair sin. Màiri Anna bhochd ag èigheachd ris is a' rànaich, is a' guidhe air tè no dhà a chumail, is dè bha iad a' dol a dhèanamh a-nist, is gu dè rud eile. Cha chluinneadh e guth. Bha am pàirt sin dhe bheatha deiseil.

Cha robh iarraidh air às a dheaghaidh sin tuilleadh ach a bhith a' leughadh. Sìon ach leughadh. Leughadh gun sgur is gun fhois. Leabhraichean mòra tomadach, a ghràidhein, tighinn dhachaigh ann a sheo aon seachdain is an ath tè gan tilleadh air n-ais is feadhainn a cheart cho tiugh gan cur gu tighinn nan àite.

Nist, 's ann mun àm sin a thàinig an t-Ameireaganach an toiseach, ged nach do thachair e idir ri Ruairidh a' chiad triop a bha sin, a' chiad triop a thàinig e dhan eilean. Chuir e seachad a' chuid bu motha dhe ùine an lùib muinntir na h-Àirde Gairbhe. Seat àraid a bh' annta sin cuideachd, a ghràidhein: Eòghainn Mhìcheil, a' Bhantrach Mhabhsgaideach, Clann Phàdraig. Cha d' fhuair mi riamh a-mach ceart dè no cò a chuir Kradersen rathad na h-Àirde Gairbhe. Ernest Kradersen – sin an t-ainm a bh' air. K-R-A-D-E-R-S-*E*-N. Pole a b' athair dha, a phòs ban-Ghearmailteach às a' Bhronx. Iùdhaich gu an cùl. Dh'fhuiling iad damaiste thar innse an àm an Dàrna Cogaidh. Cha chreid mi nach e teicheadh a rinn an teaghlach a dh'Ameireagaidh, an dèis . . . chuala mi, ma-ta, gun do chailleadh ceathrar dhiubh, bràithrean athar, gun deach aon cheathrar dhiubh a thachdadh. Am màthair a bh' ann, cha b' urrainn dhise an còrr fuathais a leigeil nan còir, bha bràthair-athar dhi fuireach am Brooklyn, ag obair mu na cidheachan an sin an lùib nan Èireannach – bàtaichean mòra brèagha o air feadh an t-saoghail, gan ceangal riutha a h-uile latha. Chuir esan an t-airgead air fad thuca, son an toirt a dh'àite na b' fheàrr. A' chailleach, George – sin athair Ernest – agus bha nighean ann a shàbhail cuideachd, Marjory. Boireannach mòr deiseil. Rinn i sin glè mhath dhi fhèin air deireadh thall, phòs i fear-lagha à Wisconsin is dh'fhosgail i dachaighean do sheann daoine – fhios agaibh, na retirement homes a tha sin. Bha tè aice cha mhòr anns a h-uile Stàit mun robh i ullamh. 'S i a phàigh Ernest Kradersen thro Harvard University, Aunt Marjory a bha sin.

"Faigh thusa," ors ise, "an fhìrinn bho bheul nan daoine. Ach an toiseach feumaidh tu a h-uile seòrsa bhreugan a th' ann an leabhraichean a thuigsinn los gun aithnich thu an fhìrinn nuair a chluinneas tu i. 'Leugh m' eanchainn leabhraichean, ach dè chunna mo shùilean, dè chuala mo chluasan?'"

Chan eil fhios agamsa dè an seòrsa fìrinn a chuala Ernest am measg chlann Phàdraig air an Àird Ghairbh, ach co-dhiù sin far an do land e a' chiad uair a thadhail e air an eilean, goirid an dèidh do Ruairidh mac 'Ain Òig faighinn cuidhteas an crodh.

Nist, mun àm a thill Kradersen, bha Ruairidh air fàs car beag cliùiteach dheth fhèin. Fear dhe na bodaich, fhios agaibh, ged nach robh e buileach na bhodach, ris am bu chòir bruidhinn airson naidheachdan is eachdraidhean a chur air dòigh. Bha e fhathast a' leughadh, ach bha e nist a' dèanamh a' cheart uimhir de bhruidhinn 's a bha e dèanamh de leughadh. Feumaidh gu robh an gnothach a' còrdadh ris – bha daoine cur uimhireachd air cho toilichte 's a bha e, seach mar a bha e fad poile.

Bha daoine air teannadh ri tighinn thuige à Dùn Èideann is à Èirinn, professors ionnsaichte, ag iarraidh gun innseadh e an stòiridh a bha seo no gun gabhadh e faclan an òrain a bha siud. Cha robh guth-seinn math sam bith aig Ruairidh, agus b' e an call nach robh, chionn bha cuimhn' aig an duine sin a bha mìorbhailteach. Òran sam bith, bhiodh ceathramhan às dèidh cheathramhan a' taomadh às gun stad.

"Nist, an do leugh thu sin?" dh'fhaighneachdadh iad.

"Leugh, is mi ceithir bliadhna deug air leithid seo a latha, is bha an t-sìde greannach fuar – b' fheudar dhomh mo bhràthair beag a chur dhan leabaidh."

"Nist, dè mu dheidhinn an òrain a bha siud – cà 'n do leugh thu sin?"

"Cha do leugh an àite sam bith. Bha an t-òran sin aig Dùghall,

bràthair m' athar nach maireann. Chuala mi aige an toiseach
e 's mi nam chnapach, is sinn air an rathad gu banais-taighe
Ciorstaidh Eachainn Sheonaidh, anns Na Hann. 'S ann a bha
am fonn aig an làraidh, mun robh a cruidhean air dà mhìle a
thoirt a-mach. Seo agaibh mar a ghabhadh Dùghall an dà rann
mu dheireadh."

Bha bean Ruairidh a' coimhead an dèidh an dithis òghaichean
aca a' chiad latha a nochd Kradersen aig an doras. Bha i, tha fhios
agaibh, rud beag air a sgreamhachadh ro ollamhan is folklorists.
Bodach à Èirinn a dh'fhoghain dhi: cha chreid mi nach do
dh'iarr e oirre schottische a dhèanamh còmhla ris air cùl na
cruaiche, an dèidh dha a h-uile diabhal *fricative* is *locative* a
shracadh à beul an duine aice. Chuir Màiri Anna dhachaigh ann
an tagsaidh casruisgte e, ach chùm i na brògan aige eagal 's gun
tigeadh grèim-dannsaidh air a-rithist. Tha iad ag ràdh gu robh
am bodach a' cur a-mach fad an rathaid dhachaigh, mach air
uinneig na Cortina aig Ailean Ruadh.

Siubhal a bhrògan a bha e, a' càineadh a h-uile duine, cha robh
annta ach tràillean, robh fhios aca cò bh' ann, na leabhraichean
a bha e air a sgrìobhadh. Cha b' fhiach dualchas an eilein seo am
poll co-dhiù. Cha robh aca air fhàgail ach fuighleachan. Bha iad
gus a bhith ullamh. Clann an diabhail a' coimhead *Crossroads*
is esan a' feuchainn ri rud a b' fhiach a ghlacadh mun rachadh
a' whole lot dhan ùir.

Ach fhuair Kradersen gabhail aige gu math na b' fheàrr na sin.
Bha e glè mhath air a sin – e fhèin a chur a-staigh air daoine. Fhios
agaibh, bha dòigh car socair aige, is bha e èibhinn cuideachd,
mothachadh uabhasach geur aige, is chòrd sin ri Ruairidh, fear
a dh'fhaodadh a bhith gu math luath le theangaidh e fhèin. Tha

mi cinnteach gu robh am bodach car moiteil gu robh ùidh aig
leithid a dhuine na chuid eòlais.

Sgeulachdan bu mhotha a bha a dhìth air Kradersen.
Dh'fheumadh iad a bhith air an innse dìreach mar a chuala e
an toiseach iad. Cha robh math do Ruairidh an dèanamh dad
na bu ghiorra na bha còir. Mar a b' fhaide iad, 's ann a b' fheàrr
leis iad. Chan eil fhios a'm air an domhain cà 'n cuala Ruairidh
an toiseach iad. Fhad 's as fhiosrach mise, 's fhada o dh'fhalbh na
sgeulachdan o nach robh sùim aig daoine dhiubh tuilleadh.

Gu dearbha, nam faigheadh tu trì faclan car siùbhlach gan cur
an eagaibh a chèile bho athair-san, Iain òg mac Dhòmhnaill, uel,
's e sgeulachd a bha sin a b' fhiach a h-innse. Math dh'fhaodte gu
robh beul-labhairt aig Bean Iain nach do leig i ri càch, chan eil
fhios agamsa. Ach mun àm a bha Kradersen a' tadhal aig Taigh
na Baintighearna, bha na ficheadan dhiubh deiseil aig Ruairidh.
Leathase a bha an taigh, Bean Ruairidh, Màiri Anna. Chuir
piuthar a màthar, Ciorstag Bheag, na h-ainm-se e is i fhathast na
h-ighinn bhig anns an sgoil; bha i cho miadhail oirre, a' chailleach
sin. Tha e coltach gum bu thoigh le Ciorstaig Bhig a bhith an lùib
na feadhnach a b' fheàrr, is e sin a dh'fhàg na Baintighearna i,
is an taigh beag geal aice na lùchairt. Bheir sibh an aire nach bi
muinntir Thormoid Bhàin – dè seo an fhine a th' aca, Davidson:
that's right, na Davidsons a tha sin – Stewart and Andrew
Davidson . . . chun an là an-diugh cha tèid iad an còir an taighe
sin leis gun tugadh dhan nighinn e, Ciorstag Bheag, an àite e
bhith tighinn an taobh acasan. Taobh an seanar.

Ach bha iad aigesan, Ruairidh, na sgeulachdan, pailteas
dhiubh. Ge brig cà 'n d' fhuair e iad. Agus seo rudeigin eile. Nan
canadh tu ris gun do leugh e gin dhiubh, chuireadh e an ceann

dhiot. Fear a bha cho dèidheil air leughadh cuideachd, ach nan gabhadh tu ort air na chunna tu riamh agus a chur air shùilibh ris gur e a leughadh a rinn e air an tè sin, chuireadh e sìos nad amhaich e: a-muigh no mach, cha do leugh e i. Bha i dìreach mar a chuala e o chionn còrr is leth-cheud bliadhna i.

"Nach ann mar sin a bha i aig Iain 'Ain Sheumais – nach cuala duine agaibh Mac an t-Seòladair Bhòidhich ag aithris sgeulachdan?"

Cha chreid mi gun cuala duine ach e fhèin.

Uel, sin car mar a bha gnothaichean. Thigeadh an Iangag bheag, Kradersen – cha robh ann dheth ach cnàmhlach meanbh car aog. Thigeadh e far a' bhus, no, mar bu trice a thachradh, dh'fhàgadh cuideigin aig ceann rathad Chleitebheag e, agus às a sin ghabhadh e tarsainn a' Mhunaidh Ghil gus an ruigeadh e gob Bàgh Bàthadh nam Mac, is cha bhiodh aige an uair sin ach gearradh a-staigh bìdeag dhen Earball is bha e aig doras Taigh na Baintighearna.

Sin an rathad a b' fheàrr leis, agus 's e fada bu ghiorra dha. Shàbhaileadh an aithghearrachd sin dha a dhol ochd mìle mun cuairt air Rathad nam Marsanta. Nas lugha na bhiodh fìor dhroch shìde ann – uel, cha robh leasachadh aige air an uair sin. Ochd mìle coiseachd no latha gun duais. 'S ioma duine a dh'fheuch ri iasad càir a thoirt dha. Dhiùlt e a h-uile fear aca.

"No, thank you – I prefer the walk."

Chìte air fàire air bàrr cnocain e, na dheisidh dhuibh – uel, seacaid dhìonach dhubh is denims dhubha – is màileid bheag dhubh na làimh. Latha ainneamh nach nochdadh e nan robh an dithis aca aontach gur e beul-aithris a bhiodh fa-near dhaibh an latha sin.

Bha cuid a dhaoine, ge-ta, a bha iomagaineach mu dheidhinn an dol-air-adhart eadar Ruairidh is an Iangag dhubh. Bha car de dhragh orra gum biodh e dualtach dhan fhear òg, is gun e ach mu dheich air fhichead, am bodach a shàrachadh is fhàgail ìseal a-rithist. Agus nan toireadh Ruairidh tuilleadh 's a' chòir às fhèin, nach fhada gu 'm biodh sgreamh aige fhèin ro na sgeulachdan agus nach e rud math sam bith a bhiodh an sin do dhuine.

Bhiodh Màiri Anna ag innse gum biodh Kradersen uair-eannan ag iarraidh air an aon sgeulachd innse a dhà no thrì thursan, chan eil fhios a'm carson – co-dhiù bha e ag iarraidh faicinn an do dh'atharraich e sìon no an do dh'fhàg e sìon aiste san ath-aithris: trealaich mar sin. Ach 's ann a chaidh cùisean buileach an rathad eile, oir bha Ruairidh a' sìor iarrraidh air an Iangaig tuilleadh reacòrdaidh a dhèanamh, tuilleadh obrach a dhèanamh.

Nan tigeadh tu air chèilidh air Ruairidh gun fhiosta dha agus an clàradh a' dol, uel, leigeadh e leat, 's dòcha, suidhe san oisean gun aon sìon a chantail, ach an ceann treis, nuair a thòisicheadh a' bhruidhinn is am breithneachadh, bha fhios agad gu robh an t-àm ann a-nist an taigh a thoirt ort. Aig deireadh gnothaich, bhiodh e cur flag suas, tè dhearg – cùl seann bhoilersuit – ag innse dhan t-sluagh gu robh rocaidean na cuimhne gan losgadh is nach robh math do dhuine a dhol ro ghoirid dhaibh.

Tha e coltach gun do dh'inns e an saoghal-bràth de sgeul-achdan dhan duine sin. Sgeulachdan na Fèinne, mar a chaill Fionn Mac Cumhail an t-sealg is mar a fhuair e air ais i. Naidheachdan mu shìdhichean. Stòiridhean a bhuineadh do dh'eachdraidh an àite – euchdan, ma b' fhìor, a rinneadh o chionn fhada, mun deach na gaisgich bhuaithe. Fhios agaibh, bha a h-uile seòrs' fon ghrèin aige – agus a bharrachd air a sin bha fiosrachadh mòr aig mu shloinntearachd, cò bu leis e fhèin, cò dha bhuineadh e air taobh athar – Iain òg mac Dhòmhnaill. Taobh a mhàthar cuideachd – 's e tighinn a-staigh dhan àite a rinn na daoine aicese, aig toiseach na linn a dh'fhalbh.

Fhuair a sinn-seanair obair an Tac an Droma Rèidh – na chìobair, cha chreid mi. Às na Borders a thàinig e, timcheall air Hawick. Fhios agaibh, bhite toirt dhachaigh dhaoine ann a sheo, feuch an tigeadh fuil na bu shaidhbhre nar measg. Ghlèidh iad na h-ainmeannan aca cuideachd. Sheila Jackson a b' ainm do mhàthair Ruairidh 'ic 'Ain Òig mun do phòs i fhèin is athair.

Ach seo far an do thòisich an suarachas. Seo cnag na cùise. Cha bu thoigh le Kradersen idir an seanchas a bha seo, gnothach an teaghlaich, tarraing an siud is an seo air seòl-beatha dhaoine a b' aithne do Ruairidh na òige. Cha robh toil aige cluinntinn mu strì nan tuathanach aig ceann a deas Alba, an dìol aca le uachdarain shanntach mar a bha againn fhìn. Cha dèanadh e gàire nuair a chluinneadh e bloigh èibhinn mun staing anns an robh Seumas Catrìona, boinnein leis, an dèis dha a' bhan a chur dhan dìg, is gun aige ach geur-chainnt Choinnich Bhàin ga fheitheamh.

"Suaile mhòr oirre a-nochd a-rithist, a laochain."

Tha fhios gun fheumadh tu bhith eòlach air na daoine airson na naidheachdan a thuigsinn gu lèir, ach air a shon sin, even ged nach biodh tu eòlach orra, 's cinnteach gun toireadh tu brìgh air choreigin asta. Cha b' urrainn dhan fhear eile rud sam bith a dhèanamh leotha. B' fheàrr leis nach cuala e riamh iad. Rudan cearta a-mhàin a bha dhìth air: sgeulachdan mòra. Cha

robh e furasta dhan bhodach a bhith sìor chuimhneachadh orra
sin – seadh, air feadhainn nach do dh'inns e reimhid. Thòisich
am bugair air trod ri Ruairidh is bhiodh e a' cur casg air am
meadhan seanchais. Cha robh fad a bheatha aige ri chur seachad
air a seo.

"Cha ruig thu leas an tè sin a chrìochnachadh – cha chreid mi
nach tug thu iomradh air rud coltach ris o chionn seachdain no
dhà. Nis, dè bha thu a' canail mun naidheachd a tha ceangailte ri
Tobar an Lochlannaich Luim. Cò bh' ann a-rithist?"

'S i Màiri Anna a thug an aire nach robh gnothaichean cho
sona 's a bha iad reimhid. Thainig atharrachadh air Ruairidh, na
shunnd, ach cha tuirt e dad riamh ris an Iangaig. Nan tigeadh e,
bhiodh fàilte roimhe mar a b' àbhaist – ach cha robh Kradersen
a' tighinn cho tric tuilleadh. Bhiodh e a' dèanamh leisgeulan
gu robh leithid seo a rud aige ri dhèanamh is nach b' urrainn
dha. Bha Ruairidh dhen bheachd gu robh an t-uabhas ann
nach do dh'inns e dha fhathast. Tha mi glè chinnteach gu robh
cuideachd.

Co-dhiù, mar a bha an ùine a' dol seachad chan ann dad na bu
mhodhaile a bha Kradersen a' fàs.

Air Thanksgiving Day acasan, fhios agaibh, dh'iarr iad air
tighinn gu dhìnnear – deagh chòcaire a bha am Màiri Anna.
Cha robh ise airson 's gun tigeadh e idir – 's fhada o chuir i droch
bheachd air an t-srainnsear. Bha an t-àm aig Ruairidh a chur
bhuaithe. Dè an còrr a bha dhìth air tuilleadh? Nach fhaodadh
e am fàgail is cuideigin eile a lorg a bheireadh dha rudeigin a
chòrdadh ris? 'S cinnteach gu robh tobar Ruairidh a-nist tioram
aige. Ach bha Ruairidh mar a bha e: cha toireadh e cluas do
chàineadh gun fhianais. Cha chreid mi nach do ghabh e beagan
truais ris cuideachd, is e air falbh cho fada on dachaigh.

Fhios agaibh dè thug e thuca? Fhios agaibh dè thug an srainnsear dubh dhan duine a bha air a shaoghal fhèin agus saoghal an eilein a tha seo a chur air dòigh dha, a latha is a dh'oidhche, fad cha mhòr bliadhna gu leth? Dà chrogan leanna. Dà chrogan Export.

Bhathar gan creic air trì notaichean airson sia anns a' Cho-op. Mac Ifhreann. Cha robh Ruairidh air boinne a chur na bheul on a bha e bochd. Sia bliadhna bhuaithe, Bliadhn' Ùr is a h-uile sìon.

Chan eil fhios a'm an robh Kradersen air na crogain eile òl e fhèin, chionn bha coltas sgràthail air an oidhche sin, an t-aodach aige salach is air a shracadh, is gun e air e fhèin a nighe o chionn deannan lathaichean. Thuirt Bean Ruairidh gu robh e air a bhith ag òl ach nach robh an deoch air.

Thugadh dha a bhiadh cinnteach gu leòr. Cha tuirt e mòran riutha is iad mun bhòrd, cha mhòr gun do choimhead e an sùilean Ruairidh. Rinn e leisgeul airson falbh tràth. Dhiùlt e lioft dhachaigh no gu ceann an rathaid. Bha solas aige, bheireadh e mach an t-Earball, is cha bhiodh aige ach coiseachd an iar thron Mhunadh Gheal.

Sin an oidhche mu dheireadh aige an Taigh na Baintighearna. Chan fhacas an droch spiorad tuilleadh. Thuirt nighean le Alasdair Dhòmhnaill gum faca i fear ann an deisidh dhuibh, gun sgrios idir aige na làimh, a' cur aghaidh air Loch nan Gallan. Ach cha b' urrainn do mhuinntir an aiseig dearbhadh gun tàinig e riamh air bòrd.

'S ann a' tighinn a-nuas a lasadh an teine a bha i, sa mhadainn Diluain mu mhìos an dèis do Kradersen a dhol à sealladh. Cha b' àbhaist do Ruairidh a bhith ag èirigh cho tràth ri bhean. O chionn seachdain no dhà bha e air a bhith fuireach na b' fhaide innte – bha ise a' cur na coire air an t-sìde gheamhradail.

'S e am faileas a chunnaic i, taobh a-muigh na h-uinneig ann an solas na gealaich. Mar gheugan craoibhe a bha a' sìor fhàs na bu mhotha an dàrna mionaid is an uair sin air a' mhionaid eile a' seacadh. Ach cha robh craobhan idir mun taigh aca. Dh'fhalbh am boireannach bochd na ruith, is i na paiseanadh, feuch an e . . . an gabhadh? Ach cha ghabhadh sìon dèanamh ris. Bha Ruairidh mac 'Ain Òig a' slacadaich o thaobh gu taobh is dul an ròpa ruaidh gu teann mu shlugan an dualchais.

Bha Ruairidh mac 'Ain Òig 'ic Dhòmhnaill marbh. Sin agaibh, ma-tha, mar a dh'èirich dhàsan.

Duine math a bh' ann. Duine ceart. Duine fiosrach. B' fheàrr leam gu robh mi air tachairt ris.

Bha mo sheanair is e fhèin gu math mòr aig a chèile, e fhèin 's Ruairidh mac 'Ain Òig. Bha gu dearbha fhèine.

Excuse me a second.

"Has Miss Stevenson given you pair any homework? Because, if she has, I haven't heard much in the way of sums or spelling being practised."

"We did it all at our friend's house. What an iMac, Dad. G24."

"Which friend is that?"

"Donald MacMillan."

"Cò?"

"Mac le Raghnall Ruairidh Dhuinn."

"O, uel, ma-tha – cha rachainn an urras nach do rinn."

Prainnseas aig Cupa na Cruinne

Oidhche àlainn a bh' ann, an oiteag bhlàth fhathast gun dad a dh'fhaobhar oirre. Chan iarradh tu na b' fheàrr air mìos meadhanach an t-samhraidh. Ach bha cus ri dhèanamh: obair-fearainn, beathaichean rin cur dhan mhachaire is rin toirt dhachaigh, mullach na h-àthadh ri chàradh agus gu leòr eile mun taigh. Daoine rin seachnadh cuideachd, ged nach fhacas sealladh oirre siud fad na seachdain.

Fìor dhroch earrach air a bhith aca, bog fliuch. Bha mòran charan fhathast a' feitheamh coimhead riutha a bu chòir a bhith air an dèanamh fada roimhe seo. Bho fhuair Prainnseas obair air na rathaidean aig toiseach na bliadhna, cha robh an ùine air a bhith ann, dìreach. Agus gun aca ach iad fhèin.

Cha b' urrainn do Phàdraig a h-uile sìon a dhèanamh gun chùl: bha latha ann a b' urrainn, ach bha an latha sin seachad a-nist, na inntinn co-dhiù. Gheibheadh iad air aghaidh gu math na b' fheàrr, ge-ta, gun na feasgaran brèagha seo a chaitheamh bhuapa air beulaibh World Cup.

"Chunna mi is dh'fhairich mi breabadh gu leòr anns a' Ghear-mailt, gun tighinn air a bhith gan coimhead a' breabadh ball beag gòrach. Seall an t-uisge a tha sin, tuiltean nan seachd sian!"

Bha an dòrtadh à nèamhan Frankfurt cho trom 's gu robh e air nochdadh thron fhlin ghlas a bha daonnan a' cur san dealbh aca, coma de an seòrsa latha a bh' ann no cò às a bha am BBC a' tighinn.

"Mise am buachaille a-nochd a-rithist, a Phrainnseis?"

"Thèid mi fhìn gan iarraidh, thuirt mi. Chan eil e ach cairteal an dèidh a sia."

"'N ann a-màireach a tha sinn a' dol a dh'ithe, no dè?"

"Ma gheibh an seat tha seo goal an aghaidh Brazil, is dòcha gum bi cothrom nas fheàrr aig Scotland? Chan eil Pele aca idir am bliadhna."

"Chionn 's tha rudan nas fheàrr aige ri dhèanamh, feumaidh!"

Le sin, leig Pàdraig Dhonnchaidh le mhac an còrr dhen ghèam fhaicinn is dh'fhalbh e fhèin a-mach a dhèanamh cobhair air cois an laoigh.

Bha trioblaid na tè uilc air an dithis aca a chur car throimhte-chèile, is 's math dh'fhaodte gur e rud math a bha sa bhall-choise airson an aire a thoirt dhith.

Nighean le Alasdair Cam, Flòraidh Anna. Gus o chionn glè ghoirid, cha robh guth riamh oirre ach i bhith car nàdarra, glic do bhoireannach dhe h-aois. Cha do phòs i 's cha robh clann aice. Sin mar a dh'èirich dhi, dìreach. Cho fad' 's a b' fhiosrach le daoine, bha i a cheart cho toilichte na staid às aonais nan draghannan sin. Cha mhotha a chluinnte mu i bhith falbh nan taighean a' ruith nam fear nach robh ceangailte. 'S ann a bha e air tàmailt mhòr a chur air a h-uile Crìosdaidh gu robh i a-nist ri brìodal salach is ri sàrachadh Phàdraig agus Phrainnseis. Athair agus mac ga cur cracte, tha teans. Chan iongnadh ged a bhiodh an dithis fhear seunta air an aognachadh roimhpe is ron nuadal.

'S e Prainnseas bu mhotha a bha a' fulang na h-aithis, gun e ach naoi bliadhn' deug agus nighean Alasdair Chaim greis seachad air an dà fhichead. Cha chualar gu robh Prainnseas air a bhith suirghe gu siud.

Cha leigeadh am blad amh aig nàbaidh dhi, Iain Fhearchair, le cùisean a dhol seachad air gun iolach nas motha. Tha fhios gu robh adhbharan fhèin aige air a shon sin.

"Agus cò am fear agaibh a rachadh an toiseach nan nochdadh i an dràsta na bòtainnean mòra?"

"Cuir ort do chòta, amadain bhig. Ort e!"

"Gabh air do shocair, a Phàdraig, cha robh mi ach a' tarraing do . . ."

"Mach thu, is bheir an taigh-cac ort. Nan robh an gille air a bhith an seo, bha mi air do phronnadh."

"An gille, a Phàdraig? Tha Prainnseas a-nist a-mach ga chosnadh, rud a tha na tharraing do bhoireannach sam bith. Deagh obraiche cuideachd, tha e coltach."

"Agus?"

"Oidhche mhath, a Phàdraig. An ruig mi leas tighinn gad chuideachadh a-màireach?"

Ma bha Pàdraig air chomas a mhac a dhìon am measg luchd-chairtean ann an tèarainteachd an taighe aige fhèin, cha b' urrainn dha dad a dhèanamh dha nuair a bhiodh Prainnseas a' strì le barailte teàrr aig fàl an rathaid mhòir. Bha teangannan an sin a chaisgeadh searrach.

Air an t-seachdain roimhe bha na pluic sgaiteach am beachd gur e airgead a' bhodaich bu mhotha a chòrdadh rithe ach gu robh tighead nam fèithean aig Prainnseas air a greimeachadh gu dona. Cha robh Prainnseas ag ràdh smid, gun fhios nach toireadh e orra breugan nas fheàrr a shnìomh nan ròlaistean. Ach mura sguireadh seo a chionn ghoirid, bha e dol a dh'fhalbh.

Air a taobh-se dheth, bha Flòraidh Anna air a plàna a dhèanamh gu math soilleir dhaib' fhein cho math ri càch. B' iad fireannaich dhen aon ghnè, is bu choingeis leatha cò aca a gheibheadh i cho fad 's a ghlacadh i an dàrna fear na lìon. Pailt cho math dhi feuchainn air an dithis dhiubh gus an tuiteadh am fear bu laige.

"Ri ùine," ors ise, tha e coltach, "tachraidh sin."

'S i a' cheist cò am fear bu laige? Cò am fear bu mhotha a ghèilleadh?

Feumar a thuigsinn nach e boireannach grànda a bha am Flòraidh Anna idir, idir. Tè bheag car cumadail a bh' innte ann an àite iomallach. Na dhèidh sin, b' fheudar do Phàdraig agus do Phrainnseas cumail clìor is i.

Na shuidhe leis fhèin ann an dubhar na bàthcha cumhainge a' gabhail smoc an tacsa seann chiste-mhine, leig Pàdraig leatha na gheall i aig banais nighean an Smeòraich a fhrasadh air. Ach nuair a dh'fhosgail e a shùilean an dèidh dha anail socrachadh, 's e an laogh bacach an aon chreutair boireann a bha dèanamh gnòstail ris.

'S ann le a sùilean a-mhàin a bha i air innse do Phrainnseas na bhiodh ri a càil nan tigeadh e air chèilidh oirre, no nan cuireadh e beagan ùine seachad a' feamanadh còmhla rithe no nan tairngeadh e fàdan mòra tiugha as a' pholl-mhòna le a threidhsgeir throm fhèin.

Ach 's e nil-nil a bh' ann air deireadh thall. Neoni gu neoni.

Pàdraig agus Prainnseas.

Yugoslavia agus Brazil.

"Is dè tha sin a' ciallachadh, ma-tha? Ciamar a tha sin a' fàgail nan Albannach?"

"Car tràth fhathast, saoilidh mi. B' fheàrr leam gu robh an fheadhainn eile air an gnothach a dhèanamh. Cha robh Brazil ach a' blàthachadh. Chan eil beat orra sin, b' fheudar dhaibh an Jules Rimet a thoirt dhaibh seach gun do thog iad trì turais e. Sgioba smaointeachail."

"An do stad an t-uisge?"

"Dè an t-uisge?"

"Sa Ghearmailt."

"Chan eil fhios a'm bho Dhia. Chaidh i na cathadh an seo mu fhichead mionaid on deireadh. Ged a sheasainn air mo cheann leis an aerial crochte ri frèam na h-uinneig, chan fhaicinn aon bhall ri cois nas lugha na chithinn ceithir dhiubh."

"Ma thusa ag obair tràth a-màireach, 's fheàrr dhut sgoinn a chur ort!"

"Bha mi smaointinn nach robh Dihaoine gu bhith anns an t-seachdain seo. Air a shon sin, bidh job aca sìon mòr sam bith a dhèanamh."

"Cò aige?"

"Na h-Albannaich. Tha na Slavs a tha siud gu math cruaidh."

"Cha bhi an còrr magaidh aig an sguad ortsa a-màireach. Dh'iarr mi air Eàirdsidh a' Mhiseanaraidh bruidhinn riutha. Bruidhinnidh e rithese cuideachd."

Chùm Pàdraig sùil an iargain air druim a mhic, 's e air a lùbadh gu mòr os cionn a Racer dheirg is gun d' theich rathad a' mhachaire bho fhianais. Le bata ga shuaipeadh gu h-aotrom na làimh dheis, leigeadh Prainnseas le corragan na tè clì a stiùireadh a dh'ionnsaigh na buaile.

Feasgar an ath latha chaidh poit mhòr bhrot, air a deagh dhùnadh, a chur dhan phantraidh bhlàth dhaibh. Aig an dearbh mhionaid san tàinig Pàdraig air an tiodhlac, bha dà chuileig thiugh ag èaladh gu dùrachdach air a' bhìdeig phàipeir a bha ceangailte ri mullach teann. Sgrìobhadh car soilleir a bh' aig Flòraidh Anna. Dh'iarr Pàdraig air Prainnseas a leughadh a-mach.

"I am hoping, tha i ag ràdh, that you will all have a new healthy happy day today. Archie a' Mhissionary is a kind man. Dè tha sin a' minigeadh – 'a new healthy happy day'?"

"Aig sealbh a tha brath, a laochain."

"Am bu chòir do chuideigin innse do Bhean Eàirdsidh?"

"Cha bu chòir. Tha e fhèin suas rithe ma dh'fheumar."

"Agus sinne?"

"Saoilidh mi gu bheil i feuchainn ri ar saoradh."

'S ann a thaigh Ailein Mhurchaidh a bha am fiathachadh an oidhche sin airson a' chiad ghèam aig Alba. 'S e Zaire an nàmhaid. Bu bheag fios a bh' aig Murchadh mac Nìll bochd, nuair a bha e a' cladhach stèidh an taighe ghil an cloich dhìorrasaich an Tolmain Bhinn, gum b' e siud an t-àite bu docha le tuinn na telebhisean. 'S ann a bha cùram airsan mu na daoine beaga a bha gu fìrinneach air tuineachadh na bhroinn seach na giobarlain a chìte gu tric sna cartoons. Chun an là an-diugh cha robh madainn nach biodh e cur sgian mhòr an doras an t-sìthein aig àm bleoghain, is cha tàinig Bliadhn' Ùr riamh nach do choisrigeadh an dearbh tholl.

Bha Pàdraig airson 's gu rachadh Prainnseas ann leis fhèin – dè an t-sùim a bh' aigesan do bhall-coise? Nach biodh gu leòr aig Bean Ailein Mhurchaidh ri dhèanamh gun a bhith bodraigeadh le tì is bonnaich airson glaoic dhe sheòrsa. Ceart gu leòr dhan fheadhainn òga, bha iadsan a' leantail a h-uile rud mun Chupa cho dlùth.

"Cuiridh iad an score a-mach air news a' wireless. Co-dhiù, tha tuilleadh 's a' chòir bruidhne a' dol." Ach an dèidh dha an t-ùrlar a sguabadh is beagan rian a chur air an rùm shìos, thug e a sheacaid far na tarraing air an doras agus dh'fhalbh e a-mach còmhla ri mhac.

Agus sin dithis a fhuair an deagh ghabhail romhpa bho mhuinntir an taighe agus bhon naoinear òganach a bha cruinn cothrom còmhla mun bhogsa.

Cha tuirt Pàdraig mòran sam bith a' chiad ghreis, ach nuair a bha *God Save the Queen* ullamh chitheadh tu gu robh e teannadh ri fàs na bu shaoirsneile.

"Nach e Alba a tha seo a' cluich? Dè as coireach ris a' mharbhrann a tha sin, ma-tha? Chan eil a' ghleadhraich tha siud a' dol a chuideachadh duine sam bith!"

Bha e a' còrdadh glan ri mac Shìm agus Calum Iseabail gu robh Pàdraig na Dunach a' coimhead ball-coise còmhla riutha. Rud annasach dha-rìribh.

"Cheart cho math dhut tè mhòr a ghabhail nuair a gheibh thu teans, 'ille!"

Cha robh Pàdraig no Prainnseas cinnteach cò aca dhan robh am bodach a' tairgsinn na dram. Aig aois ceithir fichead agus a h-aon, dh'fhaodadh e bhith bruidhinn ri fear seach fear aca.

"Gabhaidh mi fhìn agus Prainnseas an aon tè aiste, a Mhurchaidh."

"'S fheàrr dhomh tè as d' fhiach a thoirt dhuibh mar sin."

'S ann an guth domhainn cinnteach a ghlaodh an seann saighdear air bean a mhic am botal a thoirt a-nuas.

"Slàinte mhath, a Mhurchaidh; slàinte, Ailein, slàinte dhan a h-uile duin' agaibh!"

Thill an luchd-leantail gu modhail bho Dhortmund is thogadh glainneachan, botail is crogain.

Bha an dithis bheaga aig Seumas a' Chìobair ag obair air clackers agus a' faighneachd mu STV nuair a fhuair Alba cothrom aig oir a' bhogsa.

"It's Lorimer and it's a goal for Scotland – after 27 minutes the thundering right foot of Peter Lorimer has opened the scoring. Scotland 1, Zaire nil."

Leum a-uile duine aca ach Pàdraig far an sèithrichean.

"Sguir dhen ghlagadaich a tha sin! Easy now with the glacking, boys, until we hear what the man has to say."

"Peter Patrick Lorimer scores an important goal for Scotland, and what a beauty."

"Nach e am balach e," orsa Pàdraig an dèidh do Jim Holton am ball a chur o mheadhan na pàirce air ais gu Danny McGrain. "An aon ainm a th' air 's a th' orm fhìn cuideachd, ach an rathad eile mun cuairt. Come on, the Scots!"

"Cò tha seo?"

"Lorimer. Pàdraig Peadar a thug iad ormsa."

"Cò bhuaithe a thug thu am Peadar – b' aithnte dhomh Pàdraig mac Dhòmhnaill 'ic Eòghainn glè mhath. 'S ann dhomh a b' aithnte. Bha sinn sna Lovats còmhltadh."

"Thug, a Mhurchaidh, on dearbh fhear – 's ann o bhràthair mo sheanmhar, Pàdraig mac 'Ain Sheumais Bhain, a thug mi am Pàdraig. Mharbhadh an duine bochd sa Bhoer War, is gun e ach mu aois Phrainnseis."

"Seo a-nist thu."

"Is de bh' agad ort fhèin san sgoil?"

"Bha Peter Patrick daonnan."

"Nach eil sin a-nist coltach ri . . ."

Cha chuala duine riamh cò eile air an robh Pàdraig no Peadar no an aon dà ainm air an cur cas-mu-sheach airson an t-saoghail eile, chionn bha Joe (no 'n e Iòsaph?) Jordan air a cheann a chur ri ball beag bho Bhilly Bremner agus bha Alba air a' chrois-tara a lasadh.

'S e seòrsa carachd a rinn Pàdraig an lùib na feadhainn òga, ach ghabh e Prainnseas gu cridheil na ghàirdeanan mòra.

Bha blàths na dram mòire air sgaoileadh air fheadh; cha robh smaoin tuilleadh mu obair, agus bha geasag na bana-bhuidsich air togail dhiubh.

"Easy, easy!"

Aig deireadh na ciad leth rinn a' chuid bu mhotha dhe na seòid air an taigh bheag. Gun ghuth a chantail, dh'èirich Pàdraig agus Murchadh a-mach dhan bhàthaich. Nuair a thill iad – an dèis dhaibh sùil mhath a thoirt air a' chruaich-mhòna – bha suipear rìoghail gam feitheamh.

Deich mionaidean a-staigh dhan dàrna leth, theabar an t-eanchainn a chur asta uile – mura b' e miotagan mìorbhailteach Allan Harvey, bha na h-Afraganaich air fear fhaighinn air ais orra.

"Dia, Dia, feumaidh sibh watch!" chomhairlich Pàdraig.

"'N e sin thusa a' falbh a-nist, a Choinnich?" dh'fhaighneachd am bodach mu chairteal na h-uarach ro dheireadh a' ghèam. "Bidh thu sgìth, a laochain."

"'S mi nach eil, a Mhurchaidh," fhreagair an gille aig a' Chreig. "Ùine gu leòr aca fhathast. Tha mi airson goal eile fhaicinn."

Thàinig deòir mhòra mhuladach gun fhiosta air Calum Iseabail nuair a rug Kenny Dalglish air làimh air an fhear à

Coventry City a thàinig air a chùmhnadh nan casan dha. Ach shluig e fhèin agus Coinneach òg an sgal-gàire, leis gu robh an stuirc àbhaisteach air Ailean Mhurchaidh.

"Dh'fhaodadh iad a bhith air fear na dhà eile a chur a-staigh," bha Prainnseas a' cur an sùilean chàich. "Seall thusa an shot aig Hay a bhuail am post – ciamar air thalamh nach deach sin dhan lìon?"

"Seo a' chiad ghèam aca, agus ghleidh iad. Chan fhaic mise mòran ceàrr air a sin!"

"Tha thu ceart, a mhic Dhòmhnaill Ghlais! Dh'fhaodadh an gnothach a bhith gu math na bu mhiosa. Bha na muncaidhean a bha siud cho luath an taca rinne."

Bha e nochdte gu robh Pàdraig a-nist gu math na b' fhiosraichte mu bhall-coise. 'S fhada cuideachd o bha botal Mhurchaidh air tràghadh orra, ged a dhiùlt Prainnseas a h-uile tè ach an aon tè a ghabhail.

'S ann nuair a thàinig Seumas a' Chìobair a thoirt nan gillean aige dhachaigh a thuig Pàdraig nach robh Prainnseas a' dol a bhith ag obair làrna-mhàireach.

"Thuirt Aonghas Ailig gum b' fheàirrde mi Disathairne dheth. Cuin a loisg thu air coineanach mu dheireadh, a Sheumais?"

"Coma leibh na coineanaich an dràsta, bidh iad uile san leabaidh. Cà'il sibh a' fuireach, a Sheumais? An ann còmhla ri Màiri Alasdair a tha sibh am bliadhna rithist?"

"'S ann, a Phàdraig. Just a minute, boys."

"An toilleadh bodach mar mise 's a mhac sa chàr mhòr agaibh?"

"Cha chreid mi nach toilleadh."

"Tha mi fhìn agus e fhèin a' dol gad thoirt dhan Ghearradh

Ghainmhcheadh airson refreshment mun dùin am bàr. 'S fhad' o bha sinn ann còmhla, a Phrainnseis, dè? Celebrate the victory."

Cha robh Prainnseas riamh air a bhith anns an taigh-sheinnse sin le athair, no gu dearbha ann am fear sam bith eile.

Thuirt Seumas a' Chìobair nach robh math dha sìon a ghabhail is David agus Stuart còmhla ris, ach on a bha iad nan cadal nuair a ràinig iad an Gearradh Gainmhcheadh, chaidh e a-staigh airson na h-aon tè. Air a rathad a-mach dh'iarr e air a' Chaimbeulach Mhòr dramannan a thoirt do Phàdraig is do Phrainnseas agus dhan dithis a bha air suidhe còmhla riutha. Cheannaich e leth-bhotal dha fhèin is dà Sweetheart Stout dha bhean Betty, ged nach fhaca e riamh i ag òl a leithid. Bha aodann tè dhe na h-igheanan air a' chrogan car coltach ri Betty nuair a thachair e an toiseach rithe.

Aonghas a' Phosta agus Daolagan an dithis a shuidh mu choinneamh Phàdraig na Dunach is a mhic. Cop a' bhall-choise fhathast air am bilean ach cuideachd naidheachd mu luadh.

"'S i Bean a' Bhalachain Bhàin a tha trì fichead 's a deich an-diugh?"

"'S i, ma-tha, Phàdraig, agus chuir iad air dòigh gun dèante car de luadh feasgar an-diugh dhi. Fhios agaibh mar a tha i mu na seann òrain, is i cho ait cuideachd. Tha e coltach gum biodh i air a h-uile luadh nuair a bha i na boireannach òg."

"Bhiodh i sin, tha mi creidsinn."

"Am Balachan fhèin, tha e coltach, a tha air a bhith ag èirigh feadh na h-oidhche is a' gleidheadh na maistir dhi!" Rinn Daolagan lasgan tùchanach.

"Dìreach nid, fhearaibh. Is cò eile a bha gu bhith air? Neònach nach cuala sinn sìon."

"'S e surprise a bh' ann. Cha robh math guth a chantail. Mura b' e is gun d' fhuair mo bhean cuireadh ... 's fheàrr dhuinne greasad oirnn, a Dhòmhnaill Iain. Thuirt mi rithe gun rachamaid dhan bhirthday party, a Phàdraig."

"Cò am birthday party?"

"Aig Bean a' Bhalachain Bhàin an dèis dhan luadh a bhith ullamh."

"Is cò na fir a bharrachd air Pàdraig is Prainnseas nach eil a' dol an sin?"

"Fhuair i siud fiathachadh. Dhan luadh. Tha i gu math càirdeach dhaibh, air an dà thaobh. Cha b' urrainn dhaibh a fàgail às. Tha i math gu seinn cuideachd. Bha iomagain air a' chaillich gun toireadh latha mun chlèith oirre dhol car, eh, clì. Ciamar a tha sibhse faighinn dhachaigh?"

"Dher dà chois. Nach eil oidhche rionnagach bhrèagha a-mach?"

"An cuir mi dhachaigh an dràsta sibh?"

"Gu dearbha cha chuir, is dà dhram mhòr Sheumais a' Chìobair air ar beulaibh. 'S ann oirbh a tha a' chabhag is àite agaibh dhan tèid sibh! Chan eagal dhut, Aonghais. Gabhaidh sinne ceum an dèidh ceum an Rathad na Brèige mar a rinn sinn iomadh uair roimhe."

"Nach biodh sibh na b' fheàrr rathad a' chladaich a ghabhail. Faodaidh sibh tionndadh gu tuath mu Thobhta an Tairbh."

"Gu dè idir a tha agad an seo, Aonghais?"

"Thàinig tè dhe na h-igheanan a-mach às an luadh tràth – fhios agad, nighean òg, cha robh i riamh a' dol a mhaireachdainn fad an fheasgair. Thuirt i gu robh na ceathramhan aig Flòraidh Anna air teannadh ri fàs ... fhios agad, is an dol-air-aghaidh aice, nach robh e, fhios agad . . . bidh i air deoch a ghabhail a-nist!"

Ged a bha coltas an uisge oirre nuair a thàinig iad a-mach às a' Ghearradh Ghainmhcheadh, thug Pàdraig air Prainnseas rathad a' chladaich a thoirt air.

"Chan eil feum sam bith dhuinne a bhith a' coiseachd seachad air taigh làn ceòl-gàire is gun iarraidh oirnn na mheasg."

"Leisgeulan a bh' aig Aonghas a' Phosta."

"'S e, 's e. Nach eil fhios agad gura h-e."

Bhathar a' togail taighe ùir do mhuinntir Alasdair Eachainn is thug an dithis greis ga sgrùdadh gu sàmhach air an rathad chaol chun a' chladaich. 'S e solas feòlmhorach na gealaich a bha deàrrsadh a-staigh air uinneagan mòra a' chaisteil fhaileasaich; biùg bog na lampa a' snàgail a-mach air uinneagan beaga an taigh-tughaidh.

"Chan e droch ghèam a bh' ann air a shon sin," thòisich Prainnseas is iad mu mhìle o Thobhta an Tairbh.

"Gèam math, math a bh' ann. 'N e sgarbh a tha siud, a Phrainnseis?"

"'S e, cha chreid mi."

"Nach e tha fada a-staigh. Feumaidh gu bheil an t-acras air."

Cha do thàrr Pàdraig a smaointean a chur am faclan nuair a dh'itealaich an t-eun-mara mòr seachad orra is gun e ach mu dhusan troigh os an cionn.

Thill e air n-ais is chaidh e na bu ghiorra dhaibh an turas sa, a' seòladh na bu lugha na sia troighean os cionn na guailne aig Prainnseas. Chum e ri taobh na làimhe deise dheth. Bha sglamhachd aig a' chreutair a bha mì-chiatach.

An ath uair a thàinig e, 's ann a' tighinn nan aghaidh a bha e, ach dh'fheuch e ri putadh eatarra.

Thog Pàdraig a làmh ach cha do dh'amais e air a bhualadh –
cha bu mhotha na sin a bha e air ruaig a chur air, ge-ta.

"Nach ann oirnn a tha an sannt aig a' bhlaigeard!"

"Bochd nach tug mi leam an gunna."

"Cùm do cheann sìos, a Phrainnseis, is do lamhan os a chionn,
is bheir sinn Tobhta an Tairbh a-mach."

Ach 's e iad a bhith coiseachd air an adhart dhan iar bu
ghràineile leis an sgarbh, is chùm e air a' sìor ghabhail dhaibh,
gu 'n do gheàrr iad sùrdag far an rathaid gu tuath. 'S ann an uair
sin a thug iad an aire gu robh a' bhiast na bu bhàidheile riutha
agus gu robh an sgiorrghail aige a' dol na bu lugha.

"Mach à seo leinn," dh'èigh Pàdraig. "Thèid sinn an iar aig
Geata nan Raiders."

Sin a rinn iad cuideachd, agus chaidh gu math leotha gu 'n
d' ràinig iad an t-àite far an do rèitich an sinnsearan an còraich-
ean le bèist eile. Chùm eun dubh an Deamhain air astar bhuapa
is dh'èirich e na b' àirde dhan adhar.

Ach cha bu luaithe a rinn iad oidhirp air an rathad gu tuath
fhàgail na thòisich na h-ionnsaighean a-rithist, is iad a cheart
cho eudmhor, a cheart cho faisg.

"Tha barrachd meas aig' ortsa na ormsa, saoilidh mi, a
Phrainnseis."

"No tha am barrachd aige nam aghaidh-sa. 'S fheàrr dhuinn
cumail oirnn dìreach gu tuath!"

"Cheart cho math dhuinn gearradh dhan iar a-nist! Cha bhi
sinn mionaid."

Ach b' e sin an deuchainn mu dheireadh dhaib' fhèin is
dhan eascaraid iteagach. Cha d' fhuair iad air ruith ach mu
dheich slatan nuair a chaidh seachd sglamhachd na speachail

siobhasach mun ceann. 'S ann air Pàdraig a bha amas a' chaoich. Prainnseas a thog a làmh is a thug buille dha aig an àm cheart. Mura b' e a chomasan-san, bha athair air fìor dhroch sgrìobadh fhaighinn mun t-sùil.

Chuala iad gu soilleir fuaim glan na sgèith clì a' bristeadh, agus an dèidh sin caoineadh brònach an eòin leònte 's e siubhal air a mhàgaran gu dìdean.

Chum an dithis orra gu tuath is an ceann tacain ràinig iad Rathad na Brèige. Nuair a chaidh iad seachad, bha taigh a' Bhalachain Bhàin a-mach air a bheul le daoine agus an doras sraointe fosgailte, ach cha robh ceòl ri chluinntinn.

"Phàdraig, a Phrainnseis, sib' fhèin a th' ann." Bha guth boireannaich a dh'aithnich iad ag èigheachd às an deaghaidh.

"Trobhadaibh a-staigh, trobhadaibh! 'S tusa an dearbh dhuine a tha dhìth oirnn an dràsta, Phàdraig. Tha Flòraidh Anna air i fhèin a ghoirteachadh – cha chreid mi nach eil a gàirdean briste."

Pàdraig na Dunach a shuain na maidean tana foidhpe.

"Cha bhi an còrr dragh ann tuilleadh," ors esan nuair a ràinig e fhèin is a mhac dhachaigh mu uair sa mhadainn.

"Gu dearbha cha bhi," orsa Prainnseas. "Tha lathaichean ùra toilichte fallainn dol a bhith romhainn gu cinnteach a-nist. Tòisicheamaid le Brazil."

Thall no Bhos

Banais Choraif

Mar sin, cha robh na sgeulachdan a bha Dargam a' feuchainn ri chur am faireachadh a mhàthar a' faighinn ach cluas bheag sa chiad ghreis. Bha barrachd ùidh aig Màpair anns an sgaoth sheilleanan agus cho faisg 's a thoilicheadh an dranndan a dhol air rùsg a' mheanbhain, Rimìn.

Chuala i gu soilleir, ge-ta, rachd mar sgaoil na h-amhaich, aon naidheachd aig Dargam nach robh sìon a dhùil aice rithe.

Bha Coraf air bean-bainnse ùr a thaghadh. Feust àibheiseach gu bhith ann. An t-àm airson caoidh, feumaidh, deiseil aige.

Smaointean dìreach. Cho saobh-chiallach! Rùintean gun tùr, gun adhbhar, air teine a' bhàis fhaotainn.

Bu neònach is bu chruaidh leatha gur e a mac bu shine a gheibheadh an cothrom am fàth dubh seo a thoirt thuice. Gur e Dargam a lìbhrigeadh briathran loma air Coraf gràsmhor, a' leigeil leotha faram a dhèanamh an lùib siùsan nam biastan drabhasach. Agus am meanbhan ann an sin gun dad a chuireadh fo dhìon e. Chuir na chuala iad spionnadh anns na seilleanan, caoch orra, is iad a' seinn òran a mì-shealbh dhi san teas chalma.

"*Tha leannan a gaoil ann an gaol a-rithist,*
leannan na Màpair gu pòsadh."

"Bhruidhinn thu ri Coraf?" dh'fhaighneachd Màpar, ma b' fhìor gur e dànachd nam blaigeardan beaga a bha a' cur oirre.

"Cha do bhruidhinn. 'S e cluinntinn a rinn mise air an sgeul sin. Air an rathad. Cha robh tarraing aig seanair air na bu mhotha."

"Bheil thu cinnteach, a Dhargaim?"

B' abhaist dha sheanair, am Fear Mòr, ròs a bhith aige air a h-uile rud. Bha cuimhne aige cuideachd a bha ainmeil. Mar sin, nan robh fios air a bhith aige, cha b' urrainn dha dhol seachad air na bhiodh seo a' dèanamh air Màpair.

"Tha. Tha mi glè chinnteach. Cha mhòr nach do thachd e air uisge nuair a dh'inns mi dha."

Mar sin, dh'fhairich a h-athair rudeigin dhi. Ro fhadalach a-nis. An t-aigeal air a chac a chaitheamh bhuaithe, is cha ghabhadh a' ghilead dheàlrach glanadh tuilleadh.

Chan e gun do chuir Dargam roimhe a bhith na theachdaire air geallaidhean brèagha san t-sitig. Cha b' e sin idir e. Bha an turas air an d' fhalbh e fad deich latha a thaigh a sheanar is air ais na chuairt phrionnsapalaich dha fhèin.

B' e seo a chiad Radsa: fèin-chuairt. A' chiad tè am measg mòrain, ach air a shon sin a' chiad tè. Bha e mar fhiachaibh air gach aon aig an àm sin tadhal letheach-slighe air an neach bu shine an cleamhnas dha. Thilleadh e an uair sin, bhathar ag ràdh, agus foghlam aige.

Ach bha ceistean an Fhir Mhòir na bu toinnte na bha dùil aig Dargam. Shiubhail iad throimhe gu ruige lathaichean a dh'aom nach robh air a bhith aige, agus dhealbhaich iad bliadhnachan ri teachd làn chrois-rathaidean agus cho-dhùnaidhean air nach do rinn e riamh meòrachadh.

B' fhurasta aithneachadh gun do chuir cuid dhe na thubhairt e a' chais air a' bhodach.

"Coma co-aca? Cò – esan? Cha robh!

Tarraing a chois? Cha robh a bharrachd.

Cion eòlais? Seadh, bha sin ceart.

Cion siubhail? Bhiodh sin ann cuideachd.

Ga chluic fhèin? Cha robh gu dearbha!"

"Agus dè as ciallt dhan ghocaman phearsanta?"

"Airson an rathad a-staigh is a-mach a dhaingneachadh."

"Agus?

"Agus, eh . . ."

"Agus airson 's gum bi thu daonnan air saod is muthachail air feadh na cuairt."

"Dè am miann a th' aig fear-reic na fìrinne?"

"Faighinn cuidhteas a bhathar gu slàn?"

"Ceart, cha mhòr. Faighinn cuidhteas a bhathar gu slàn, *ma gheibh* e ceannaiche dìleas. Bheil mi ceart, a Dhargaim?"

"Tha mi creidsinn gu bheil, a sheanair."

"Mar sin, 's e fear a th' ann 's chan i tè?"

Gun chomhairle sam bith a thoirt air a bheireadh gu ceann-uidhe na bu ghealltanaiche e, leig am Fear Mòr air falbh e. Leig e leis tilleadh dhachaigh. Agus seo a' chrois. Bha còir fios a-nis a bhith aig Dargam air mar a dhèanadh e leasachadh air fhèin airson na h-ath fhèin-chuairt. Ach cha robh. Agus cha robh e idir follaiseach dha ciamar a thigeadh an t-eòlas seo thuige, no gu dè an t-eòlas a bhiodh aige aon uair agus gun tigeadh e. Sin, nan tigeadh e.

Bha fhios aige nach robh anns na freagairtean a thug e dha sheanair agus an dòigh san do labhair e iad ach aon phàirt dhe na ghabhadh meas a dhèanamh air gun dàil – a' toirt beachd dha air a ghliocas domhainn agus a chomasan air ioma Radsa eile a ghabhail os làimh gun tuisleadh. Shealladh e cuideachd gum b' fhiosrach leis dè an ùine a mhaireadh iad agus cuin a dh'fheumadh e a sgìths a leigeil.

Gu h-iongantach, shàbhail Rimìn air cèilidh nan seillean 's gun iad air sgaid mhòr sam bith a dhèanamh air a bhodhaig mhìn. Thug Màpar taing mhòr dha na Dùilean, fhad 's a bha i a' còmhdach a leanaibh bho cheann gu chois le gach ùilleadh air an cuireadh i a làmh a dh'fhàgadh maol a' mheanbhain bog agus ciùin. Nach robh cead idir aice a dhol eadar Rimìn agus bìdeadh na gràisg, shaoil i bhith na dhleastanas ro dhùbhlanach. Dleastanas a bha i an dòchas nach dìoladh oirre a dhol throimhe a-rithist. 'S ann na shuain chadail a dh'fhàg i Rimìn an dèidh rann no dhà de sheinn shèimh làn ìomhaighean. Bha a h-inntinn-se na boil, ge-ta, is cha robh dad a chomas aice a dhol às àicheadh. Na dheaghaidh sin, bha Dargam cuideachd feumach air a cùram.

"Dè mar a bha na ceistean aig seanair?" dh'fhaighneachd i mu dheireadh, nuair a bha an dachaigh air a dhol na caiteig ìseil de dh'aislingean leanabail.

"Doirbh. Gu math doirbh an àiteachan."

"A bheil dad a bheachd agad?"

"Chan eil, tha eagal orm. Tha mi fhathast a' feitheamh an fhoghlaim."

Chan ann buileach truagh a bha coltas Dhargaim.

"An do dh'fhoillsich a' chuairt mòran?"

"Uill, tha fhios gun do dh'fhoillsich. Fhuair mi i caran brosnachail seach ... chan eil fhios a'm dè an dòigh sam biodh fios agamsa, cha deachaidh mi riamh air Radsa roimhe seo. Ciamar a bu chòir do dhuine a bhith faireachdainn nuair a thig crìoch air a' chiad earrainn?"

"Dh'inns Coraf dhomh gum faca e an t-uabhas air a chiad

Radsa – gu robh dealbhannan na teis-meadhan; cumaidhean-dathan-faireachdainnean a chitheadh tu – fiosrachadh falaichte a-nis ri làimh."

Bu mhiann le Màpair an sin nach e a mac ach deagh charaid a bh' ann an Dargam, ach thug i slaic oirre fhèin airson a bhith cho ceacharra.

Saoil cò ris a bhios bean na bainnse aig Coraf coltach, smaoinich Dargam is e a' tuigsinn cruaidh-chàs a mhàthar leis mar a bha i a' gluasad a colainn. Ach cha tuirt e càil.

'S i Màpar a thug teags air a' chuspair làrna-mhaireach – am meanbhan aice gu teann na h-uchd.

"Agus am bu chòir gum bithinn ag iarraidh a faicinn? 'N e gum bu mhath leam dad sam bith a dhearbhadh mu deidhinn nach eil fhios a'm air mar-tha?"

Ach dè na rudan air an robh fios aice le cinnt, agus dè nach robh ann ach tomhas is tuairmse? Dè dh'fhuilingeadh i fios a bhith aice air?

"A gruag. Tòisicheamaid le a gruaig. Bheil i fada agus dìreach, coltach ris an tè agamsa, no bheil i goirid is dlùth dhan chnàimh mar a bha an tè aicese, a' chiad bhean-bainnse aige. Am beathach garg."

Robh Coraf a-nis air bior-tomhais na feòla aige a chur air cùrsa eile, is an t-aithreachas air, no e air a shàrachadh le seòrsa? Air neo an robh e fhathast a' leantail air san aon dòigh, ga fhosgladh fhèin uair eile do gach dòlas is dìmeas a gheibhear bho ghalla-shionnaich ghleusta.

Cha bhiodh e idir coltach ri Coraf a bhith air a chùl a chur uile-gu-lèir ris an dà rathad fharpaiseach seo. Dè an còrr dòigh a bhiodh aige air sàr-chor a bhuannachd?

"Chan e dìreach a gruag. A sùilean? Dorcha, domhainn, dearcadh mòr annta no dà sgoltadh airson spleuchdadh a-mhàin? A beul? Làn, beilleagach, na ubhal sùghmhor no na làrach boiteig?"

Bha Dargam air ionnsachadh gu robh i àrd. Cò bhuaithe a thug e am fios seo? An robh e air a' cheist seo fhaighneachd a dh'aon obair air a chuairt?

Nan rachadh a h-uile sìon gu math leis, bhiodh Dargam, an ùine gu math goirid, a' tilleadh air a' chois-cheum sìos co-dhiù pàirt dhen rathad air an robh e. Rathad a' chiad fhoghlaim. A rèir na thuigte le daoine, thòisicheadh an dàrna Radsa (air am falbhadh a' chuid bu mhotha) le na leasain a chaidh ionnsachadh an dèis crìoch choileanta a chur air a' chiad tè.

Uill, mas ann mar sin a bha e, 's cinnteach gum biodh e air chothrom tuilleadh feòraich a dhèanamh air an tè seo mu nàdar na bean-bainns' ùire. Dh'fhaodadh Màpar eallach cheistean a chur na chliabh mun dealaicheadh e rithe. Agus an dèidh dha tilleadh, cha leigeadh i leas ach an fheadhainn air an robh i ag iarraidh freagairt a roghnachadh. Dh'fhàgte an còrr aig a mac-meanmna ealanta. Biadh ceart airson ceusaidh. Urchraichean sgoinneil airson fèin-sgrùdaidh.

Duilgheadasan leis an dòigh seo? Math dh'fhaodte gum biodh droch amharas aig màthair-adhbhar an fhiosrachaidh gu robhar a' dol a bhrath Choraif, agus 's dòcha nach innseadh iad sgath do Dhargam. Air an làimh eile, dh'fhaodadh iad dìreach breithneachadh nach robh sìon a ghnothach aig eòlas dhen t-seòrsa seo ris an ath cheum aige.

Ach gu dè b' fheàirrde ise dealbh fhaighinn air boireannach a bha gu bhith ann an glaic Choraif, air a thoirt thuice le mac òg, air allaban san eadar-àm. Cha bhiodh e iomchaidh, am bitheadh?

Cha bhitheadh. Dh'fheumte an Radsa aig Dargam agus sròn bhochd Màpair a chumail air leth o chèile. Cha robh math dhi ìmpidh a chur air tuilleadh fianais fhaotainn. B' e sin a h-eòlasse, lathaichean a thriall, air ais leatha is gam maistreadh is gan cur an cruth ùr. Bha an t-ionnsachadh a bha dhìth airsan gu tur diofraichte. Cha toireadh i mathanas dhi fhèin gu sìorraidh nan cuireadh a cuid iomagain a shlighe air adhart ann an cunnart.

Nuair a dh'inns i dha, bha Dargam toilichte a bhith às aonais leithid a dh'uallach. 'S ann an uair sin a thuig e cho mòr is a bha e a' dèanamh dragh dha na dh'fhaodadh an naidheachd sin a fhuair e gun sireadh adhbharachadh. Cha bu thoigh leis a bhith ruith mar theachdaire eadar daoine, gu h-àraid nuair a b' ann na mhàthair fhèin a dh'fheumadh e gach gath a thilgeil.

B' urrainn dha a-nis aire gu lèir a thoirt air an Radsa gun chiont. Chan ann air an tè ri tighinn, ach air a' chiad tè. An tè a bha a' feitheamh ri crìochnachadh. Cha bhiodh Radsa eile roimhe nam faillicheadh e air sin a dhèanamh. Chan ann bitheanta a thachradh seo do dhaoine, ach chan e buil a bh' ann a bha do-dhèanta a bharrachd. Cho fada 's a chitheadh esan, cha robh a mhàthair a' nochdadh mòran dragh no diù timcheall air a' chùis seo.

Fad finn fuain na maidne, bha smalan trom neònach air aoidion air feadh Dhargaim. A' coimhead air ais air gnothaichean san staid ìseil seo, chan e a-mhàin nach do fhreagair e ceistean a sheanar gu h-iomlan, ach bha e air butarrais a dhèanamh dhiubh. Agus dè mu dheidhinn nan trì latha a chuir e seachad mun do thadhail e air an Fhear Mhòr?

An abhainn cheàrr?

Dath meallta a' pògadh nan sgòthan?

A h-uile creig air an tug e sùil cho slàn – gin a dh'uamhanan rim faicinn an àite sam bith, gun fiù 's aon fhosgladh thron sealladh e.

Cadal luaineach a' còmhnaidh fo na reultan.

'S fheudar gun rachadh seo uile calg-dhìreach an aghaidh feallsanachd na Radsa.

Ach seo a-rithist an duilgheadas mòr le obair na cuairt seo. Cha robh riaghailtean stèidhte ann, no eòlas na feadhainn a chaidh romhpa aig na 'confirmandi' airson an stiùireadh.

'S e dìreach deagh shealbh agus toinisg nàdarra na h-aon innleachdan a dh'fhaodadh do chuideachadh gus buaidh a thoirt a-mach.

Ach gu dè thachradh mura dèanadh e an gnothach? Dh'at na dh'èireadh dha na inntinn. Bu mhath leis teicheadh, a mhàthair a thrèigsinn is a fàgail sa bhad le cion a' ghaoil agus cion mic. Ach an uair sin smaoinich e air Rimìn. Cha bu mhiste am meanbhan foghlam bràthar mhòir, nam faigheadh e cothrom air fuireach.

Chuir sealladh air cumadh a bha a' dlùthachadh air àrainn an ionad-theaghlaichean òrrais ri chuid eagail. Cha robh leasachadh aige air. Cha b' urrainn do Dhargam toirt air fhèin faireachdainn na bu dòchasaiche.

Cò eile ach seanair? Bha e a' coiseachd gun taic agus gu sgiobalta a dh'ionnsaigh na dachaigh aca.

Stad e mu dheich meatair bhuapa, is coltas air gu robh e beachdachadh gu trom air na bha roimhe. Dh'fhan Dargam agus Màpar a-staigh. Thog am Fear Mòr a lamhan gu h-àrd dhan adhar is chùm e shùilean fad treis mar sin, mar gu robh

e a' feitheamh brath no comharra air choreigin. Bha na neòil a'
leaghadh air a cheann.

"Dhargaim," dh'eigh e. "Dargam mac Màpair!"

Thug Màpar putag dha mac. Cha do ghluais e. Chuir i a
h-uileann na sgairt.

"Sguir dheth! Tha sin goirt."

"Feumaidh tu dhol a-mach."

"Dhargaim, a Dhargaim, a Dhargaim!" dh'iarr guth an
oideachaidh chruinn.

"Thalla, a Dhargaim! Mach à seo! Bidh na h-àireamhan agad
ceart gu leòr. Chan eagal dut!"

Chunnaic Màpar a h-uile ceum a ghabh Dargam a-mach. A
cheann shìos, gualainn air an taobh dheas na b' àirde na an tè
chlì. A choiseachd lethoireach gun chabhaig, gun phròis. Bha
briathran a sheanar goirid agus cha ghabhadh iad cluinntinn on
dachaigh.

Siud e a' falbh, Dargam, a mac bu shine, a dh'ionnsaigh dol
fodha na grèine, gus fuireach ann an dorchadas aig camhanaich
an latha.

Cha do chairich a h-athair. Thog e a lamhan a-rithist is shìn e
a-mach iad cho fada 's a rachadh iad. Ghlaodh e a h-ainm-se gu
h-airsnealach. "Mhàpar! A Mhàpar!"

Cheangail i Rimìn, agus air a dol air adhart dh'fhairich i an
t-athadh a bh' air Dargam.

"Tha Coraf gad fhiathachadh chun na bainnse," ors am Fear
Mòr an guth beag. "Bhiodh e modhail a dhol ann."

Blasadh air Beatha

Ged a mhionnaich Artair nach rachadh e air a bheatha bhuain gu dìnnear an taigh "an t-sliomaire Shasannaich ud", thug sannt na stamaig agus na chuala e aig Rose air a' fòn air a bheachd atharrachadh sa bhad.

"Gu mì-fhortanach," ors ise ri Dave, "cha dèan Artair an gnothach air tighinn idir Dihaoine – tha iad ga iarraidh san cinema. Coma leinn sin, nach dèan an dithis againne oidhche dheth."

Thug Artair leis botal Liebfraumilch a bha e air a thoirt gu partaidh ann an Sunbury is an uair sin air a thoirt dhachaigh aig deireadh na h-oidhche.

"Fhios agad air a seo, Dave, tha am biadh agad math fhèin, 'ille – proifeiseanta, cha mhòr. Cha robh mise a' dol a chall a' chothruim seo airson duine sam bith." Bha e a' toirt thuige tuilleadh coiridh, a bheul làn Chapatti. "Biodh iad a' dol aig an obair. Nach fhaigh iad cuideigin eile a tha comasach air breugan innse mu na filmichean is ticeadan a chreic? Dè a th' ann co-dhiù?"

"Dè a th' ann an dè, Artair?" dh'fhaighneachd Dave. Tharraing Rose osna eile a-staigh.

"Dè an rud a bha sin, Dave?"

"Chuir thu ceist air Dave, Artair." Bha Rose a' fàs teth air cùl a h-amhaich. "Ceist nach do thuig e. 'Dè a th' ann?' – dè bha sin a' ciallachadh?"

"O, seadh. Uel, bha, 's e bha mi a' dol a ràdh, an e seòrsa de bhalgain-buachrach a tha seo, sàillibh chan àbhaist dhòmh idir a bhith gan gabhail – bidh iad a' toirt an aileag orm. Ach . . ."

"Paneer a tha sin, Artair: rinn mi fhìn e." Bha Dave a' cur tuilleadh Chana Massalla air truinnsear Rose, agus spàin eile dhen rus ruadh anns an robh e air cnùgan de chaineal briste agus sìol cardamom a chrathadh fhad 's a bha e goil. Shaoil leis gu robh gu leòr bìdh aig Artair.

"Glè mhath, ma-tha," ors Artair, gàire beag nearbhasach air. "Nach bu tu am balach."

"Tha fhios," thòisich Rose, "gum bi thusa dèanamh a' chuid as motha dhe na sauces agus na spices agad fhèin, Dave. Uill, cha bhi daoine, can, a' dèanamh spices, ach, fhios agad, bidh thu gam measgachadh còmhla is a' cruthachadh rud ùr leotha a tha leatsa, ma tha thu gam thuigsinn."

"Cha chreid mi nach eil, Rose," orsa Dave. "Tha thu ceart – bidh mi daonnan a' feuchainn ri canastairean is eile a sheachnadh ma ghabhas e idir dèanamh. Uaireannan ma bhios cabhag orm, theid mi gu bùthaidh shònraichte Àsianaich as aithne dhomh ann am Papanui. Daoine às a bheil earbsa agam, faodaidh mi ràdh. Bidh sauces bhlasta ùra aca an sin, feadhainn a bhios iad fhèin a' dèanamh. Ach air a shon sin, chan eil tighinn às agam ach beagan dhìom fhìn a chur riutha."

Thàinig e a-steach air Artair gur dòcha gur e Paneer a bh' aca an cànan nan Innsibh airson òrdaig mhòir. Chùm e a bheul an turas sin, ach rinn e dà leth air a h-uile cnap le sgithinn, is gun an cur faisg air a bhilean, dh'aiseig e gu oir an truinnseir iad.

Shaoil le Dave gum biodh e air a bhith fada na b' fheàrr dha, an àite bhith cur seachad an fheasgair a' siubhal bhùithean Christchurch airson an stuth cheart, is an uair sin mu uair an uaireadair a thoirt ga phronnadh le cùram anns a' bhobhla a thug e dhachaigh bho Cheann a Tuath nan Innsibh, nan robh e direach air punnd de shausages mhòra chursa a chaitheamh dhan phraidheapan.

Chitheadh e aodann Artair is e gabhail dhaibh le dealas; subhachas a' sgaoileadh air a chraos nuair a bhiodh a' gheir a' ruith na bheul breun.

"Agus 's ann anns na h-Innsibh, tha mi cinnteach, a chuir thu loinn air a' ghnothach, Dave," orsa Rose. "Chan fhaigh mi fairis air a' bhiadh seo. Tha e dìreach àlainn, bidh gach blas fa leth ga dhèanamh fhèin aithnichte dhut is an uair sin bidh iad a' dol nan aon fhaireachadh . . . mmm . . . a tha cho làidir. 'N e seo a bha fa-near dhut, Dave, nuair a chaidh thu null dhan Àird an Ear an toiseach?"

"Uill, 's e is chan e, Rose." Bha Dave a' feitheamh casg air a sheanchas bho Artair. Rud nach tàinig.

"Bha e gu math neònach mar a thachair cùisean dhomh. Nuair a ràinig mi Delhi an toiseach, chuir mi romham gu robh mi dol a dhèanamh cùrsa còcaireachd, agus dh'fheuch mi ri àite fhaighinn air grunn, ach chan fhaighinn càil airson mìos. Uill, thuirt mi rium fhìn, falbhaidh mi is tillidh mi an ceann na mìos. 'S e sin a rinn mi cuideachd, thug mi Dharamsala orm cho luath 's a bha ticead trèin nam mhiotaig. Ach cha do thill mi gu Delhi gus an ceann cheithir mìosan agus cha d' rinn mi cùrsa còcaireachd ann fhathast."

"Mar sin, ciamar . . .?"

Thug Artair an aire gu robh Rose a' teannadh ri deothal nam faclan à beul Dave.

"Bha mi cho fortanach, Rose." Thog Dave bhaji bheag ghrinn,

is chuir e ann am meadhan an truinnseir fhalaimh aice i. "Nach tug teaghlach uasal, laghach, fialaidh a-staigh a bhroinn an taighe is am beatha mi. A' chiad dìnnear a thug iad dhomh, chan eil faclan agam air a shon, Rose. Cha do bhlais mi riamh air biadh cho ùr is cho inntinneach. Is dè bh' agamsa ri dhèanamh? Cha robh ach a bhith teagasg beagan Beurla do Nitram, am mac as òige. Gille beag brèagha, Rose, b' fheàrr leam gum faigheadh tu seachdain no dhà leis na do chlas. Cha dìochuimhnicheadh tu gu bràth e."

Nuair a bha Rose a' suathadh a beòil, dh'fhairich Artair seòrsa de theas fo bhriogais is ghluais e a mhàs air an t-sèithear.

"Agus a bheil fhios agad air a seo?" Bha a' chùbaid aig Dave air leth tlachdmhor leis a-nis. "A h-uile càil a bhruich am boireannach bochd sin, 's ann ann am pana mòr dubh os cionn teine air ùrlar-puill a rinn i e. Cha robh guth air microwaves no Madhur Jaffrey an cidsin Shameem, Rose."

"Cha robh. Gu dearbha cha robh! Cothrom cho luachmhor, Dave, ionnsachadh cho cudromach. Fhios agad, faodaidh sinne tighinn a seo, do bhiadh sgoinneil ithe, do naidheachdan a chluinntinn. Ach thèid agadsa air na rudan seo a chur nan saoghal fhèin, an saoghal a tha iomchaidh dhaibh a dh'aindeoin a h-uile bochdainne is duilgheadas . . ."

"No ga chur an dòigh eile," orsa Dave an leth-chagair, "ghoid mi na modhan airson deasachadh bìdh bho dhaoine aig nach bi grèim, 's dòcha, a-màireach. Dè 'm math dhaibh sin – fada nas fheàrr sgilean a bhith aig cuideigin a tha air chothrom an cur an gnìomh: nach e sin e?"

"Stad ort, Dave. Cha e sin idir a bha mi feuchainn ri ràdh, ach gun do dh'fhuirich thu nam measg agus am measg a h-uile rud a tha fuaighte riutha. Cia mheud againn a b' urrainn sin a dhèanamh?"

"Uill, dh'fhuirich, tha mi creidsinn, airson treiseag bheag, Rose, is a-nis tha mi fuireach ann an New Zealand. Saoghal neònach, eh?"

"Fhios agad air a seo, a laochain." Bha pian na ghobhal is an coiridh teth a' cur Artair far a chinn, agus bha e a' dalladh le forc air pìosan beaga ruis mar chailleach-òsaig a' dannsa fo ulpaig chugallaich. "Tha iad ag ràdh nach fhaigh thu coiridh nas fheàrr an àite sam bith air an t-saoghal na gheibh thu ann am Bradford. Coltach gu leòr, tha fhios, agus an t-àite làn, eh, de dh'Àisianaich."

Bha a' bhreab bho Rose air a lurgainn diabhalta goirt, bìd oirre mar gu robh i air a chraiceann fhosgladh. Cha robh i a leth cho goirt, ge-ta, ris a' chràdh eile a bha nis air gun lasachadh. Bu chòir dha bhith air falbh dhan taigh bheag ach dh'fhan e còmhla riutha.

"Tha caraide agamsa – uel, fear as aithne dhomh ann an Alba. Thachair thu fhèin ri Sean Smart turas, Rose – cuimhn' agad an oidhche rinn i uisge mòr agus bha sinn a' bruidhinn ris an taobh a-muigh Queen Street Station?"

Bha cuimhne ro mhath aig Rose air an oidhche sin. Oidhche a dh'iarr i dhol gu fasgadh air choreigin, oidhche a chaidh a bogadh gu drathais, ag èisteachd ri dithis ghillean beaga a' meabadaich gun chèill mu bhall-coise.

"Uel, bidh esan, Sean beag sin, bidh e fhèin agus feadhainn dhe na mates aige a' dèanamh air Bradford a h-uile mìos no a h-uile sia seachdainean is a' cur seachad fad an deiridh-sheachdain ann gam marbhadh fhèin le coiridh. Turas a bha seo, tha Sean na shuidhe leis fhèin anmoch air an oidhche ann an Indian, canaidh sinn gur e Taj Ma Bradford an t-ainm a th' air," a' casadaich, "he . . . he . . ."

B' fheàrr le Rose nach do phòs i riamh a' ghlaoic seo.

Cha robh am pian cho mòr air inntinn Artair a-nis ach bha e ann an èiginn airson an taighe-bhig.

"Nis, bha an fheadhainn eile uile air a dhol dhachaigh dhan taigh-loidsidh. Bha Sean air leisgeul air choreigin a thoirt dhaibh, gu robh e air baga fhàgail no rudeigin, is bha e air tilleadh dhan taigh-bhìdh anns an robh iad roimhe. Cha chreid thu seo, Dave, ach tha e cho fìor 's a tha an latha cho fada. Ok, tha boireannach air leth brèagha a' frithealadh air Sean."

"Cha ghabh seo creidsinn," smaoinich Rose am faclan a chuala an dithis eile.

"An fhìrinn ghlan a th' agam, Rose. Nigheanan Kiwi dhut, Dave. Tha a' bheatha aca ro shocair."

An sin, thug dealbh, a nochd gun rabhadh na inntinn, mionach goirt air Dave. Chunnaic e Rose agus Artair nan seann aois agus iad fhathast còmhla.

"'Gabhaidh mise pinnt lager,' orsa mo liagh, Sean Smart. 'Sìon a chòrr a dhìth ort,' a dh'fhaighneachdas an tè dhubh dhen fhear bheag. 'Nach math gun do thill thu . . .'"

Bha Rose air tuilleadh 's a' chòir dhe na sgeulachdan riamalagach seo a chluinntinn anns nach robh susbaint no gu tric cus dhen fhìrinn. Ach gu h-àraid a-nochd cha b' urrainn dhi falbh air cuairt an amaideis sin a bheireadh gu cinnteach i gu crìch nach gabhadh fulang ach le tàmailt mhòir.

"'Dè an còrr a tha dol?' orsa mac Ghlaschu."

"Chan eil dad idir," fhreagair Rose.

"Chan e – fuirich gu . . ."

"Chan fhuirich. Dùin thusa do bheul, Artair. Chan eil sinn ag iarraidh an còrr a chluinntinn."

Thug Artair sùil air Dave, ach bha esan trang a' cruinneachadh shoithichean is dhiùlt e coimhead suas. Bha drèin thruagh air Rose, a bha eadar a bhith ag ithe a corragan is a' gluasad a làimhe thro a gruaig mhìn bhàin. Dh'fhalbh Artair dhan taigh bheag mun spreadhadh aotroman.

Nuair a thill e bha an còmhradh air fàs na bu chomhartaile a-rithist is bha Artair taingeil air a shon sin.

"Bheil thu a' sgrìobhadh dad an dràsta, Dave?" bha Rose a' faighneachd, a' lìonadh a glainne-se is glainne Dave le deagh Chabarnet Astràilianach.

"Tha mi dìreach air òran beag a dhèanamh."

"Gabh e, ma-tha!"

"Gabhaidh mi rithist e dhut ma tha thu ag iarraidh."

"'S tu a ghabhas. Cò mu dheidhinn a tha e?"

"Uill, chan eil fhios a'm am biodh am fear seo cho buileach freagarrach dhan chloinn-sgoile agad, Rose."

"O, aidh, tha mi tuigsinn," orsa Artair, a' cagnadh na spàine aige.

"Tha e mu dheidhinn nighinn òig à Kosovo a bhios a' tighinn gu Christchurch bheag bhòidheach seo agus a thèid an sàs ann an, canamaid, droch cleachdaidhean."

Bha Rose cinnteach gum biodh an t-òran ceart gu leor. Nuair a thug i Dave a-staigh dhan sgoil aig toiseach na bliadhna, bha e dìreach sònraichte leis a' chloinn. Tro òrain agus geamaichean-dràma thug e air feadhainn bheaga de sheachd bliadhna a dh'aois beachdan a chur an cèill mu chogaidhean is gaol is caitheamh-beatha fallainn. Chuala i rudan aig dithis gu h-àraid a chuir fìor iongnadh oirre, gillean Maori nach robh mòran idir aca ri ràdh mar as àbhaist, a' cur nam both dhiubh an cuideachd Dave.

Bha Artair a' dol a nighe nan soithichean. Cha chluinneadh e an còrr mu dheidhinn. Ach cha robh duine air feuchainn ri stad a chur air.

Dh'fhalmhaich e na bha air fhàgail sna bobhlaichean mòra creadha a-staigh gu bobhlaichean beaga a lorg e anns a' phreasa. Bobhla beag ruis, bobhla Channa Massala, agus fear anns an robh an rud Paneer. Thog e sàsair beag on taobh ghlan dhen t-sinc, ghlan e a-rithist e, is thiormaich e e, mun do chàirich e na ceithir bhajis nach deach ithe air.

Dh'fhàg e iad seo uile gu sgiobalta air bàrr a' bhùird is e na bheachd tilleadh thuca gus film plastaig a chur orra is an gleidheadh anns a' frids.

'S ann nuair a bha e a' sgoladh nam poitean a thòisich an ceòl brèagha. Guth Dave a bh' ann agus giotàr ga chluich còmhla ris.

Cha do thuig e na rannan, oir bha iad ann an cànan nach cuala e riamh reimhid, ach bha an t-sèist soirbh gu leòr. Òran na h-ighinn à Kosovo.

"O thig, nach tig, thu còmhla rium, a rùin,
is gheibh thu cuidhteas cron nan daoin'
a dh'iarradh dhut bhith dhìth gach mùirn –
a-nochd nach tig thu còmhla rium, a rùin?"

Agus an sin buille theth a-rithist na chlachan. An aon chràdh air tilleadh. Thàinig air an obair a chur bhuaithe sa mhionaid is ruith dhan taigh bheag.

Bha Dave dìreach air an t-òran a chrìochnachadh nuair

a gheàrr Artair sìnteag seachad orra. Chunnaic e na deòir a' sruthadh nan deann bho shùilean Rose. Smaoinich e gur dòcha gun rachadh e ann an laigse.

Theab nach do rinn e an gnothach air an taigh bheag na uair, agus nuair a bha e a' mùn bha e mar gum b' e uisge à coire a bha e a' putadh throimhe.

Thug an àmhghar seo air a bhroilleach teannachadh, a' chiad uair o chionn fhada, is bha aige ris an inneal bheag liath a chrathadh is a chur gu beul dà uair. Bha an t-eagal air gu robh rudeigin fada ceàrr air. "Ach gu dè rinn thu, Artair?"

'S ann tron fhallas, is e air a dhol air chrith, a chunnaic e a' cholainn chuimir aice. Nochd i fhèin ann an glainnidh dhorcha na froise. Beag, modhail, deònach a dhol còmhla ris. 'S e nach robh dùil aige ris ach a guth. Ìseal an toiseach a' faighneachd dheth, an aon cheòl tiamhaidh na cainnt, carson nach fhaiceadh e a-rithist i. An guth a' sìor fhàs na b' àirde, esan ciontach ach gun fhreagairt sam bith a b' urrainn dha a thoirt dhi.

Bha sùilean Rose fhathast dearg nuair a thill Artair a-staigh dhan t-seòmar-suidhe, agus chùm i a cùlaibh ris.

Anns a' chàr a' dol dhachaigh, thug Artair iomradh air cho luideach is a bha feadhainn dhe na dràibhearan eile, ach cha tuirt Rose facal. Dh'fhan an rèidio, a bha daonnan aca air, dheth.

Nuair a ràinig iad an taigh, chaidh Rose dìreach dhan leabaidh. Dh'fhuirich Artair a-muigh sa ghàrradh a' togail phàipearan is dhuilleagan a bha a' ghaoth air fhàgail aca nuair a bha iad an taigh Dave. Thog e a' hose far an fheòir, ga shuaineadh mar nathair air cùl na garaids.

Thug e sùil suas dhan adhar, a bha sgòthach gruamach, direach mar a gheibhte gu tric an Coatbridge.

Chluich e seann bhidio Harry Enfield airson còig mionaidean ach cha do chòrd na guthan faoine ris.

Bha *Daily Record* na seachdaine na laighe fosgailte, mar a dh'fhàgadh e, aig clàr a' bhall-coise. Hibs fhathast aig mullach an lìg. Nach bu mhath dhaibhsan! Ach dè mu dheidhinn-san, dè bha esan a' dol a dhèanamh a-nis? Cha robh teagamh sam bith aig Artair nach robh fhios glè mhath aig Rose.

Taghaidhean

'S ann air beulaibh dealbh Luis-Ramón a fhuair i i fhèin a-rithist.
Càit eile? Feumaidh gun do thuit an cadal oirre, thoradh bha
car air tighinn na h-amhaich is bha pàirt dhe lèinidh is a seice
dhorcha foidhpe air an deagh imlich.

"Ha que fea soy yo (Nach mi a tha caca a' coimhead)," orsa
Doña Angelita ri dealbh a mic nach maireann 's i a' strì ri a
cumadh sgìth cnapach a thogail bhon ùrlar chloiche.

"Nach i a tha air a dhol bhuaithe, do mhàthair, Luis? Luis-
Ramón, mo mhac caomh, chan i seo do mhàthair-sa, an i? Cha
robh diù a' choin aicese do phoilitigs, cha bhiodh ise a' falbh
gu cruinneachaidhean mòra eagalach is ag èigheachd aig àird
a claiginn an aghaidh dìleab ghràineil Shomoza agus smàig
Ameireagaidh. Gu dearbha, cha bhitheadh . . . mun do mharbh
iad thusa, a m' eudail. Ach tha thu air mo ghlacadh an-diugh,
a ghaoil, nam chula-sgràth air beulaibh do dheilbh. Na bi
coimhead orm mar sin, Luis. Dùin na sùilean mòra brèagha sin,
chan fhuiling mi tuilleadh iad – nach seachain thu mi airson
mionaid. Nach leig thu leam? Cha b' e do bhilean-sa a fhliuch
mo bhroilleach."

Chuir straighlich bhionachan is srannartaich shanntach na
muice bho a cùlaibh stad air rud sam bith eile a bh' aice ri ràdh.

"A nighean na galla – nighean na seana mhuice salaich a
th' annad. An ann a' feuchainn ri mo shaoghal a chur buileach
bun-os-cionn a tha thu? Uel, gu dearbha chan fhada dhusa!"

Bha am beathach mì-mhodhail air a teadhair fhuasgladh is air dà làn bion a chòpadh. Chaidh an sgudal a bha reimhid gu sàbhailte nam broinn a sgapadh chun a h-uile oisean dhen chùil chreadha. Bha cuid dhen stuth a b' aotroime ag iathadh air feadh an àite, gach pìos a' dèanamh a shlighe fhèin a dh'ionnsaigh nan nèamhan a rèir toil nan uspag. Cha do dh'fheuch a' chraobh bhuan a chuir a seanair ach air glè bheag dhiubh a bhacadh on dàn.

An dèis do Dhoña Angelita na b' urrainn dhi dhen àite a chur air dòigh is a' mhuc reamhar a chur fo dhìon le deagh dhochann, thill i a-staigh dhan t-seòmar, is gun sùil idir a thoirt air Luis-Ramón, ghabh i a-mach air an doras. 'S ann air an lic ìseil os cionn na sràide a leig i cudthrom a sgìths mun do las i toit.

Na suidhe ann a shin ann an càinealachadh a 50mh bliadhna, a' lìonadh is ag ath-lìonadh na falamhachd na com le geàrr-shòlas nimheil, shaoil leatha gu robh an aois air laighe oirre mu dheireadh. Aois mhòr – b' e sin e, agus na bh' air tachairt dhaibh uile an-dè – air bliadhnachan fada a chur rithe.

Bha teas no bòcan air choreigin a' feuchainn ri èirigh bhon t-sràid, a dh'aindeoin na moch-uarach, 's e air èiginn a' faighinn rathaid tron dubh is dearg a bha ga còmhdach. Ceudan mhìltean phìosan pàipeir dubha is dearga mar bhrat-ùrlar na sràide. Ach bha stampadh-chas a' phobaill, a poball briste, air iomadh toll is sracadh a chur na dhlùth-fhilleadh ged a chìte na dathan fhathast. Dubh na talmhanna, dearg na fala. Flùraichean bòidheach an Ar-a-mach Shandinista. Sìol àghmhor Nicaragua.

Dh'fhidir i an sanas mòr os cionn a' bhothain fhiodha a bha mar dhachaigh dha companach sa chath, Doña Isabella. Bha a' ghrian a-nis a' lìbhrigeadh gu leòr a ghathan los gum bu lèir dhi na briathran a bha sgrìobhte air a leughadh.

'Por Sandino jamás nos vencerán . . . Air sgàth Sandino, cha cheannsaich iad sinn gu bràth.'

Bha coltas gu math seasmhach air an t-sanas an crochadh mar a bha e gu h-àrd os cionn taigh truagh a banacharaid, ach cha robh a-nis ciall sam bith sna faclan seo dhi – ciamar a b' urrainn dhi earbsa a chur na leithid is a dùil ri aiseirigh a mic a b' òige air a dhol na spealgan. Ri linn call nan Sandinisteach anns na taghaidhean an-dè, bha lasair fhann a dòchais air a mùchadh agus an t-siobhag air crìonadh.

Air astar goirid bhuaipe, math dh'fhaodte mu thrì sràidean air falbh, chluinneadh i a-nis fuaim na cairt-sràide a' dlùthachadh dhi. Dh'aithnich i am bìogail nuair a bhiodh Don Vicente ga putadh air aghaidh, is stadadh sin car treis, nuair a chluinnte fuaim na sguaibe a' gluasad a-null is a-nall eadar na claisean is an uair sin brag staoin an t-siobhail air cliathaich na cartach.

Dh'fhairich i cràdh mar lann air cùl nan sùilean an sin, nuair a smaoinich i air cho an-iochdmhor 's a bha dìoghaltas na beatha. As dèidh a h-uile rud is na dhà dhèidh, 's e Don Vicente bochd, duine nach d' fhuair dad de bheartas an t-saoghail, cha mhòr, a dh'fheumadh seudan nam marbh a chruinneachadh is an toirt dhan uaigh. Nuair a ràinig a' chairt an taigh aicese smèid fear na cartach rithe mar a b' àbhaist, ach thug na chunnaic i a h-anam aiste. Bha làmh Don Vicente togte ceart gu leòr ach bha sgèan na shùilean, is e air fhiaradh bhuaipe, a' coimhead fada air thoiseach, deise dhubh air, 's i air a ceangal gu teann mu mheadhan le sreing phurpaidh. Bha an truaghan na fhallas a' draghadh cairt-tòrraidh às a dhèidh, a bha cur fairis le blàth-fhleasgan dubha is dearga.

Nuair a chaidh e seachad thug i sùil air ais air an t-sràid on tàinig e. Bha i glan falamh gun truailleadh. Saoghal ùr gleansach roimhpe; saoghal tràillearachd.

Bha fhios aice gu robh Ricardo a-nis an àiteigin faisg oirre air a cùlaibh: fàileadh no faireachadh a bhiodh i daonnan a' faighinn nuair a bhiodh e mun cuairt. 'S e bha mì-àbhaisteach mun turas seo nach b' urrainn dhi ràdh cuine dìreach a thàinig e, is bha i taingeil airson na sìthe sin air latha cho doirbh.

Dh'èirich i is thionndaidh i air a faicill mu choinneimh, is gun facal a ràdh chaidh i seachad air a-staigh dhan chidsin, far an do thòisich i air biadh a chur air dòigh dha.

Lorg i maitseachan os cionn an t-sinc, is leotha sin las i an stòbha mhòr. Air an dàrna taobh chaidh na *frijoles* (pònairean) a ghoil i an oidhche roimhe a chaitheamh a-staigh gu pana beag le deagh bhalgam uisge. Air an taobh eile, ann am pana na bu mhotha anns an robh ìm ga theasachadh, chàirich i sliseagan banana leth air leth ann an cearcall coileanta ri oir a' phana. Thàinig faclan òrain a dh'ionnsaich i aig a seanmhair thuice, *O Pongamos Platanos* ('O Cuireamaid Banana'). Ghabh i an t-òran ri ruitheam a' bhìdh ga bhruich, gus mu dheireadh nach robh air fhàgail air a bilean ach am fuaim 'p p p', is iad a' sìor fhàs na bu teotha is na bu tiorma.

Air dhi na sliseagan banana a dheagh bhruich air gach taobh, chuir i iad uile air truinnsear mòr is rin taobh spleuchd i dà làn spàine fhiodha *frijoles* a bha air a dhol nam brochan donn tiugh. Bìdeag arain ghil air an oir agus cupa mòr cofaidh dhuibh. Fhreasgair i seo uile air an duine aig an robh i pòsta, Ricardo Villaseñor, a bha na shuidhe sa chathair àbhaistich aig ceann a' bhùird.

Thill i fhèin dhan chidsin is thòisich i air criomadh à bobhla a' bheagain a bha i air a chur mu seach dhi fhèin. Dh'fhan an dithis aca san aon àite fad mu leth-uair an uaireadair gus an do dh'èirich Doña Angelita a-mach dhan t-seòmar air tòir nan soitheachan salach. Shiubhail othail am balbhachd air feadh an taighe.

Sgioblaich i am bòrd mu choinneamh Ricardo gu sèimh socair, is nuair a bha i deiseil ga ghlanadh thug i thuige a bhotal ruma is dà ghlainne is chuir i iad seo fo cheann crom liath.

Bha i am meadhan tilleadh chun a' bhùird le na cnapan deighe a bhiodh e an còmhnaidh a' deòcadh còmhla ris an dram aige nuair a chaidh sàmhchair am mì-rùin a bhristeadh gu grad.

Bha creutair iongantach na sheasamh an doras an t-seòmair. Plaide na leapa aige mu thimcheall mar 'toga' mhuladach, sombrero mhòr leathann air a cheann, barraill fhada dhubha mun t-sròin agus giotàr Spàinnteach mar ghunna na làimh. Mura b' e na cuarain fhosgailte is na stocainnean cotain a chaidh suas gu meadhan a chalpa, 's dòcha nach robh i air am 'Mariache' seo aithneachadh idir. 'S e Eugene Brown a bh' ann, ollamh à San Francisco a bha a' fuireach còmhla riutha o chionn dà mhìos am feadh 's a bha e a' frithealadh na Sgoil Spàinntis. Na beachd-se cha robh e a' dèanamh mòran feum dhith.

Gun an còrr maille, thòisich an turralaich is an spadadh theudan.

> "*O, Buenos Dias, mi Angelita,*
> *muy buenos Dias, mi Doña Angelita:*
> *Vos sos hoy cinquenticita –*
> *Ah, Buenos Dias, mi Doña Angelita.*"

> ("Madainn mhath dhut, m' Angelita,
> Madainn glè mhath dhut, Doña Angelita:
> Tha thu an-diugh leth-cheud bliadhna –
> Madainn mhath dhut, Doña Angelita.")

Bha Don Eugene, fear nach canadh cus am fianais Ricardo mar bu trice, a' sgiamhail is a' sìneadh fhuaimreagan tro ghàire mòr gu oir a dhà shùla. Bha an duine dìreach na bhoil, a ghruag thana gheal na stobain air bàrr a chinn mhòir phinc.

Chaidh cuid dhen deigh a dholaidh na lamhan teithe. Chuir an duine aice a-mach dram eile gun chabhaig.

Cha robh fhios aice dè chanadh i nuair a thàinig duanag a' choigrich gu crìch. Bu choma leatha an t-seinn is an droch Spàinntis ach b' fheàrr leatha gu robh e air a h-aois fhàgail a-mach as a' ghnothaich. Air a shon sin, thug e togail air choreigin dha cridhe.

Mar a thachair, cha robh aice ri guth a ràdh, oir chaith Eugene a ghiotàr bhuaithe, ghabh e dìreach far an robh i is chuir e pòg mhòr shleamhainn air a gruaidh.

"Meal do naidheachd," dh'èigh e, mun do bhruth e a h-uile sèideag às a com.

Gu fortanach, shaor am fòn i bhon chòrr. Cha do rinn Ricardo oidhirp air gluasad.

"Eh, mòran taing . . . eh . . . dà mhionaid, Señor, am fòn . . . aon de mo mhic, 's dòcha . . . tapadh leibh."

Cha b' e mac leatha a bh' ann idir ach María, bean fir aca air an robh Alfonso. Bha i a' rànaich is a' gul air sgàth 's gu robh Alfonso gun tilleadh dhachaigh. Bha e fhathast a-muigh o chaidh e a dh'èisteachd nan taghaidhean an-dè, cha robh fios aice dè bu chòir dhi a dhèanamh.

Shuidh an t-ollamh còir aig a' bhòrd ri taobh Ricardo, air beulaibh dealbh Luis-Ramón.

"Buenos Dias, Don Ricardo," orsa Eugene, ga bhualadh air a dhronnaig rùisgte.

"Buenos," fhreagair Ricardo, a' cluich le shliop uachdrach gu mall le theangaidh is a' sìneadh na glainne eile dha.

"Uill, ma-tha," ors an aoigh, "tha fhios nach dèan dram bheag cus croin air an latha shònraichte seo."

Nochd fiamh an uilc an sùilean Ricardo.

Thog agus dh'fhosgail Eugene am botal is chuir e a-mach tè mhòr an toiseach do Ricardo mun do lìon e a' ghlainne aige fhèin.

"Ur deagh shlàinte, Don Ricardo, is slàinte mhòr dhur bean uasail Doña Angelita, a thug dachaigh bhlàth, dhàimheil dhòmhsa. Gum bi a h-uile sonas aice airson an ath leth-cheud bliadhna."

Le sin chuir e an deoch na cheann, leig e brùchd mòr à doimhneachd a ghoile is lìon e a' ghlainne a-rithist. Thog Ricardo a cheann is sheall e gu geur an sùilean an fhir a bha mu choinneamh.

"'S toigh leis na *profesores* an deoch," chagair e, gràin na ghuth, "agus na boireannaich."

"Cùm do theanga, *cabrón!*" dh'èigh Doña Angelita fo h-anail.

"Dè b' àill riut?" dh'fhaighneachd Eugene gu neoichiontach. "O, seadh," orsa esan, a' tuigsinn beagan. "Tha sibh ceart an sin, Don Ricardo: tha spèis agam do bhoireannaich cuideachd." Rinn Ricardo lasgan mì-chiatach nach do chòrd idir ri Eugene Brown, is e na shuidhe, mar a bha e, eadar dealbh Luis-Ramón is a mhàthair.

Chuir Doña Angelita sìos am fòn is thàinig i a-nall far an robh an luchd-òil a thogail a' bhobhla-deighe. Rug Ricardo gu teann air làimh oirre.

"Chan eagal do Mharía," ors esan, a' fàsgadh a cròige gu robh i geal, "cha bhi Alfonso a' cleith a chleasachd air a mhnaoi. Tha e tuilleadh is laghach, nach eil?"

Chuala Eugene seo ach cha tuirt e smid, ged a bha crith na làimh fhèin a' cur a-mach an ath dhram dhan phulaidh. Sheirm am fòn a-rithist, is bha an dithis aca taingeil.

"Leig às mi, a thrustair," mhaoidh Doña Angelita, ga fuasgladh fhèin gu 'm freagaireadh i am fòn.

"Buenos Dias, Mama! Mealaibh ur naidheachd!" Bha guth a mic bu shine blàth is duineil. "An do mharbh sibh a' mhuc fhathast?"

"Nach eil gu leòr eile aig do mhàthair ri dhèanamh, Jaime?" Bha an t-aithreachas oirre cho luath 's a thàrr i na faclan a ràdh.

"Tha mi duilich, a Mhamaidh – cha robh mi ach ri spòrs. Tha mi a' tuigsinn mar a tha sibh a' faireachdainn: chuir e uabhas oirnne cuideachd gun do chaill am Pàrtaidh Sandinista – chuir agus air tòrr mòr de mhuinntir na dùthcha – ach cha robh cothrom air. Chuir acras às do dh'fheallsanachd – 's e sin an fhìrinn."

"Chan e sin a-mhàin . . ." thòisich i.

"An esan a th' ann? An do chuir e làmh oirbh? Ma chuir, cuiridh mise às dha."

"Cha leig thu leas," ors a mhàthair, a' nochdadh a sgìths. "'S ann a tha dragh orm mu dheidhinn do bhràthar Alfonso. Tha María gus a dhol às a beachd. Tha e air a bhith a-muigh o mheadhan-latha an-dè. Cha do rinn e seo riamh reimhid oirre. Bha i a' cur às a broinn rium air a' fòn dìreach mar phàiste . . ."

"*Dios Mio!*" orsa Jaime gu mì-fhoighidneach. "A Mhamaidh, nach gabh sibh air ur socair. Tha fhios agaibh glè mhath mar a tha María, cho furasta 's a tha e a cur throimhe-chèile. 'S e sin a th' innte, pàiste. Chunnaic mi fhìn Alfonso an-dè – nach robh mi còmhla ris airson treis mhath aig Caismeachd Leòn. A rèir na smùid a bh' airsan is air a charaide còir, Juan Martín, mura bheil mi air mo mhòr-mhealladh, bidh na balaich sin nan laighe ann an dìg air choreigin a' feitheamh gu 'n sgàin an cinn. Bhiodh an t-eagal orra dhol an còir nam mnathan."

Thug seo mu dheireadh thall gàire air Angelita, is dh'fhairich i beagan na bu chinntiche.

"Fàgaibh agamsa Alfonso is María, a Mhàthair," orsa Jaime, a' mothachadh dhan a seo. "Bidh sinn uile còmhla ribh feasgar, an teaghlach gu lèir. Nis, mar a thubhairt mi, gabhaibh air ur socair is còrdaidh an latha ribh glan. 'S e an latha mòr agaibhse a tha seo. Tha sibh airidh air."

Chùm i am fòn na làimh airson mu leth-mhionaid an dèidh dha mac falbh, car de dh'eagal oirre tionndadh, oir bha i air an doras-aghaidh a chluinntinn a' fosgladh is einnsean càr Ricardo ga chur gu dol is a' falbh.

Fuaimean doras prìosain a bha a' daingneachadh dhi na bha gu bhith roimhpe na beatha: greiseagan beaga saorsa mun rachadh a cur dhan chealla a-rithist. Cha robh fhios aice fiù 's co-dhiù b' fhiach e e a dh'aindeoin an toileachais 's nam faireachdaidhean na chois.

Mar a dh'iarr ise airsan roimhe, sheachain Angelita sùil-ean Luis-Ramón nuair a choisich i seachad air a dhealbh a dh'ionnsaigh a' bhùird, oir chuireadh iad cus cheistean oirre is cha bhiodh dad dòigheil aice dha na freagairtean.

Gu dearbha, chan ann mar seo a bha dùil aice a bhiodh cùisean aig leth-cheud bliadhna dh'aois – cha robh sìon dhe seo air a chur a-mach dhi an aislingean a h-òige. Ged a bha call nan Sandinisteach an-dè air a lùths a sgudadh bhuaipe, cha b' e sin a-mhàin a bha cur na h-imcheist oirre an dràsta.

'S e bu choireach ris gun deach aig fadachd María agus dìlseachd Jaime air tinneas a bha i air a thoirmeasg le deagh adhbhar a leigeil mu sgaoil na cogais. B' e sin ciont, ciont màthar.

Leig i le a làimh suathadh ri a ghualainn. 'S e Eugene a bhruidhinn. "Bha mi a' smaointinn nach fhalbhadh e gu bràth," thòisich e, coibhneas na dhòigh-bruidhne.

"Chòrd an t-òran agam rium," orsa Doña Angelita ris an fhear a bha a-nis ga treòrachadh air falbh on bhòrd dhan chomraich san t-seòmar-chùil. "Cha d' rinn duine riamh òran dhomh."

"'S fheàirrde a h-uile duine againn beagan amaideis an dràsta 's a-rithist." Bha a busan aige na dhà làimh. "An teaghlach gu math?"

"Tha cho math," ors ise, "Uel, tha mi' n dòchas . . . gu bheil . . . uel, chan eil Alfonso, ehe . . . Don Eugene, chan eil mise cinnteach mu dheidhinn seo an-diugh, rudeigin a bhuail mi an sin, a tha ag innse gur dòcha gu bheil e ceàrr 's nach bu chòir dhomh . . ."

"Am b' fheàrr leat," ors esan, a' blasad air a h-anail, "gum marbhamaid a' mhuc?"

Whales' Hunger

Its loss has always been with me, a part of my internal system of definition. Inchoate and one-dimensional in the early years, now complex and baggaged and hopelessly enmeshed within my own losses.

He said it happened when they were swimming, Mum and he in Northern Mauritius; the beach rolled out and tingling for them alone, the ocean an infinite blue future. They didn't see the hidden monsters.

Whales, huge ones projected fantastically onto my four year-old screen of imagination. An exotic troupe of oversized crooners leaping wildly, ferociously through the surf in search of donated bounty.

They had gone to the shore to rejoice in the whale song, unaware of the price to be paid. Mum had left hers behind in a tidy improvised jewellery case, hidden carefully in the lower compartment of her dufflebag. Its subtle engraved surface snuggled safely amidst outlandish ear-rings. His carelessly, needlessly, slid on a slimmed down *Mac an Aba* – the fourth finger on the left hand.

Dad said he didn't feel a thing, his smooth badge of eight years of marriage abandoned him quite effortlessly. It calmly freed itself, unconscious of the struggle to keep it in place in the day to day of dry land.

When he emerged from the water, he removed the mouthpiece of the brine-filled snorkel and with the same raped hand lifted his goggles to his forehead. Mum was apparently back on the shore getting dressed. He felt a gut sickness.

The whales, however, yelped with delight and sang their names until dusk – long after the sacrifice had been made and its future implications explored. My arrival a year and a half later delayed the outcome somewhat, or at least its public announcement. Dad always said he would get round to replacing the gold band. Never did. Never saw the need. Then there was no need.

Today, on my island, I am free to beach-comb in my mind and along the craggy shoreline in search of any sea-gifts which might temper the beasts of my solitude. I may find old boxes, mostly plastic, perhaps discarded or lost by frustrated fishermen when their expectations of plenty have been dashed by weather or a bullying dredger from afar. I may find some interesting piece of wood to drag home and dry and then burn. An attractive shell may adorn my mantelpiece for the next few weeks until its lustre palls.

When the twins come here from their father's this evening, I may tell them the story of the lost ring in Mauritius. See what they make of it, where they put it. I will of course make no mention of the whales, as they are mine. The gentle giants of my childhood, the uncaring savages of my womanhood.

And how will they find me, my lost daughters, who first screamed like possessed changelings when they wrenched themselves free from my flesh? Their shared journey through airless mire to be endured no longer. They smiled as they wailed, laughing at my desire to hold and own. I hid in a ball.

I will invite them to stroll with me on a bumpy sheeptrack across marram grass machair whose firm spring belies a labyrinth of hollowing rabbit warrens. From the seaward side, voracious swells of thunder will continue to gouge away their sandy walls, chasing the pests inland, deliberately undermining our shy footprints.

We may then walk hand in hand amidst the rocks, stooping, supporting, talking, laughing, surprising barnacles with the deftness of our scuffed leather blows. Or perhaps we will slink through shingle in muted silence, cowering within inadequate cagoules before the roar of the ocean and the menace lurking within.

I would like to make a fire for their coming, flames to cleanse their minds on arrival; spitting, cracking brutes restrained, succumbed to glow warmly at dusk. I therefore need to search, prepare, clear my hearth, rip paper, select sticks, lay them out, put it all in order. Face those monster logs thrown on to my beach and raise an axe above their knuckled brows. No ring will glint in the spring sun, none could grace these gnarled paws. Only the blunting blade lumbering over my shoulder may enjoy a moment's respite, before crashing uncontrollably through splintered arms and faces.

But I can't make progress, I can't get on with the job despite the pressing need. Access to the cold empty fireplace is being blocked by the intruder. He visits me often, too often now, and unobtrusively intrudes. If I ask him to move, he will ask questions and not ask others, and when he eventually goes he may be well on the way to the wrong conclusion. I loathe that possibility. He says I refuse to talk. I think his inebriation is only partly due to alcohol.

As he is my neighbour, the rules here insist my best chair should harbour his bull-like boiler-suited arse from time to time unquestioned. The same code allows him to walk into my front room after only the slightest knock and then sit in silence or else in gesticulated animation. He is also caring, and importantly, he drives. Sometimes I miss not seeing him.

His mother is shrivelled and dying and the minor fluctuations in her well-being generally open our conversations. Today's more willed silence goes unnoticed. The marmalade I made for her (Christ's sake, I didn't apply for this rubbish) sits peacefully in his lap. No reason to rush it to her. Her clock is ticking away gently, not rushing past. His was never wound.

I have not yet told him that I have children, although I think he strongly suspects. In that respect he doesn't pry, which is unusual on this island. His greying forested eyebrows observe more than enquire and are quite easy to meet. Not so the crude scarred mouth through which mumbled syllables escape in broken bearded rhythms.

Even in a savage drunken state he remains courteous, oddly erudite, often witty, and never lewd. I feel very safe with this uninvited beast. He is not a marauding sort. I have, though, witnessed expressions of extreme tenderness and of definite sexuality in his spontaneous crying for a stillborn calf. The stench of dead blood and faeces still lingers round the edges of my hand-made dresses.

I have refused a lift to the store. I am well aware that I haven't been for over two weeks. Yes, I have varied my diet, sometimes brochan, sometimes porridge, ha ha again. Yes, I'm fine, I have been crunching oat bars in between. No, I don't want a leg of lamb from the freezer. Yes, bring me scallops, loads of them – we can fry them with wild garlic and white wine: because I like them that way. So do you, ya toothless freak, minimal mastication on the slippery flesh. Bring them in three days' time, we will sit by candlelight. I will spread newspaper on the kitchen table. Why? Because I want to – we might run out of conversation. He's a shitty wizard at crosswords. Can you finish your cigarette and go. Now? Yes, now, or at least soon. I've got things to do. Damned if I'm going to suffer his advice on fire-building. I want to clean the house. Yes, honestly, spring clean. No, I'm not on drugs, what about you, something must be retarding your exit – fast reaching new levels of honesty – still need him to go. *Mach à seo!* See you Tuesday night. Bye, look forward to it. Whew, hard going in this place trying to get the privacy to rot alone.

So, the fire now or a cup of coffee first? Definitely would miss the smell of coffee following the final act. Not yet worked out a way of taking it with me. Could be an important deterrent worth clinging to. Used to share a cafetiere with him for that blissful hour when the girls slept. Turns each. Strong bitter flavour deliciously sweetened by generous brown sugar. Over-spiced dhal puri puffing in the oven, their innards roasting hot. Us.

No cafetiere here. Wouldn't suit this wind-beaten cottage. Instead an old bashed leaky percolator that once magically turned handfuls of Ladak snow into hot liquid gold. The water inside purrs patiently, infuriatingly so, on the lacklustre stove. Eventually the fragrant climax spumes limply down the side of the pot. Let it go a little, let it sizzle on the iron rings, caramelise, easier to clean cold. Luxuriate in the reaching of readiness, appreciate the loneliness wrought by good coffee.

It gets dark early here and I want to do most of the wood mutilation by natural light, as my torch glows almost as pathetically as my stove boils. The yellowing newspapers are arranged and waiting, two forgiving firelighters snuggle strategically in their folds. I am there sitting quite happily shaping kindling on the doorstep. Ankle-length Barnardo's overcoat, small hatchet in my gloved hand and my hefty neighbour's ridiculous woolly hat bobbing on my head. Quite comic, really. No, it's not. I'm not laughing, I'm crying and I haven't even faced the monsters with my axe.

It's about preparation, preparedness. Maybe the girls are not ready to meet me. Maybe they are still fighting off demons of defamation and distrust. I invited them, they agreed to come – just for the weekend. They agreed to walk with me on the beach, discover my new environment, experience its destructive and healing qualities, perhaps renounce other seas as containing venomous adversaries.

And when they prepare to go on Monday, in the early hours, when the fire is at its most dead and the sea and night and outside world a unified black, how will they feel then? Huddled on an open ferry, leaving me far behind, returning to normality, fleeing madness, loneliness, beaches, beasts, freezing cold, how will their numb minds make thoughts?

My sobbing, carried in the wind through regular hatchet chops, has alerted him. He hovers nearby, unsure. His exaggerated shadow leaves little light in my work space. I rise and he follows me indoors and we sit in front of the cold hearth. Without speaking (I am still sobbing), we place small pieces of wood together on their gentle pyre. He takes over the final arranging and positioning. From his tobacco pouch he removes a sturdy square silver lighter. Allowing the flame to assume full height and crouching carefully, he encourages it to lick round and below its prey. The sudden excitement of the blaze soon soothes the wounds of splitting.

He is outside fighting the tossed-up beasts. He is well equipped and in a very short time retrieves some impressive slain parts. Two large chunks roast on the glowing embers. Four misshapen limbs now nestle innocuously in the large willow basket.

Will he be gone when they arrive, do I want him to be? Do I need him to stay and supervise my preparations – lift me when I stumble, take over the practicalities?

And for them, how would it be to find their estranged mother ensconced in a rundown dwelling with such a specimen? Shocking, terrifying, confirmatory? A depravity amply exposed.

It's he, not I, who makes the decision. When the large basket is full of logs and the worn Christmas biscuit tin is replenished with clone-like small sticks, he sweeps the firestone meticulously with the matted wire brush. With a well practised wrist-flick he hurls its contents beyond the reach of the clambering tentacles up through the sucking flue. He smiles good night and makes his hulk disappear.

I know very well the crackle of the island taxi crawling on the pebbled track past my neighbour's house. It has brought me here once only and never taken me away. It dumped occasional large bags of groceries in my porch, early on, when I was still allowed to hide in doors and fake vague illnesses. It will no longer deliver whisky to my neighbour, even when his mother wails with terror. Now, its squealing brakes and souped-up engine are discharging my daughters, my own baby daughters. Here on this island. Now. It is pitch black outside.

Inside, I am faced by two beautiful grown women. As we hug and kiss, strip off rucksacks and raincoats, unclutter the rite before the roaring furnace, my eye is lured by the finely designed gold ring, smiling weightlessly on her neat left hand. But what could her fairy story be – who are her monsters? Could she possibly have discovered my father's band by chance in an eroded dune? Did she ever learn that I wore a ring once too, although I never found his and endured its loss?

Should I warn her now or never of the whales' hunger?

Duais on Dè dhan Diugh

Close Shave

The decision actually to visit him in hospital was prompted by a routine session in the bathroom on Tuesday evening.

A hurried glimpse through clinging, stinging foam, a distinctive upward stroke with the double-edged absolver of excess growth, years added, years taken away, life-maps mirrored in full; chance resemblance in the wily twilight.

Like his father, looked and felt just like him, in fine detail, though not on a week night. In those long time ago days, his father shaved unhindered in the early morning for work: righteously. This more resembled Saturday night shaving: Brylcream and young man's embarrassing toiletries ignited by puffing whisky fumes, below. The large golden glass struggling mendaciously to intoxicate and enliven those couthie, good-livin', god-fearin' Kailyarders takin their living-room floors with Robbie Shepherd in Caithness and Bonar Bridge.

Tokenistically hidden from them, the family, the children, but always in the same place, lurking behind the caramel-coloured radio. The large round volume control could not dampen its verve.

Whirling, birling, laughing, singing, dancing, screaming, lying, justifying, banging the back door closed. Aftershave wafting sweetly to fill the silence.

Apparently he had been mugged. Opportunistic burglars doing pensioners-ville in Culloden.

Burst spleen, couple of broken ribs – six o'clock in the evening – examining the news – as sober as a judge. A neighbour across the hedge dialled 999.

Edward hadn't consulted Emma, all quite impulsive, collected the kids from school and drove northwards into black rain.

"Dad, did a terrorist kick Grandad in, 'cos he thought he was concealing a bomb in his bedroom?"

"Doubt it was that exotic, Justin. Probably just a couple of neds looking for golf clubs to sell."

"I didn't know Grandad played golf."

"He doesn't. But they . . ."

"Is Grandad a ned, Dad?" Molly had woken up.

"Not, eh, quite, darling."

"Is he too old now to be a ned? Was he a ned when you were wee?"

"No, not really."

No, not a ned. No tattoos; intelligent conversation, mild accent, not gallus, no aspirations to a petty crime portfolio. Expletives well chosen, used to terrifying effect, no hint of redundancy. More of a craven jerk. Less easy to describe concisely to the kids.

The windows in the car were steaming uncontrollably. Molly had written her name in the opaque wet and below it 'NED'. Only the dripping gap in between remained undefined.

Inverness. What a pit, what a jumped-up effort of a small town, slinking east and west spewing its bile in that unmistakable nasal whine. Semi-detached trash. Aspirant no-hopers pulled or trapped by the Big Apple of the Scottish Highlands. After a short while, melted down. Distilled. Addled. Even the A9 took the piss: one minute a wide, sensible, safe approach with reciprocal opportunities North and South; the next, a narrow torturer desperate to goad a new fatality. Single, dual, dual, single, single, *smash*. Duel, single, duel, single, *crash*. Easy done. He was still alive, though, and still in Inverness.

Not knowing what his father had eaten, read or listened to for the last fifteen years, he decided not to visit the brightly coloured relatives' refuge snuggled just inside the automatic entrance to the modern hospital.

So this was the famous Raigmore. All mod cons, body scanners purchased by appeal. Large, spacious, light. Lifts reaching to seven levels. Quite unlike the huts where he was gassed and the first line of defence scraped from the back of his throat. Putrid scrambled eggs floated immediately back.

He was lying alone in a two-bedded area, apparently still able to read the newspapers.

"Well, well, yes, sit down, Edward. How are things in Falkirk?"

"Nearer Stirling."

"Yes, of course."

"Who are these beautiful children?"

"Mine, I think."

"I'm sure they are, Edward."

"Justin, Molly, this man is your grandfather."

Molly was transfixed by the swollen yellow, blue, purple right eye.

He wished that the kids might, as they usually did, prod or poke each other or slide off the shiny white sheets. But they couldn't and remained still and reticent. They were firmly focused on this ugly face – unsure how one should greet it.

He sniffed and then coughed lightly – a non-cough – then sniffed again. A close examination of his nails – no, stop – why? Kids' positions – fine. Justin and Molly were silent – still.

"Mind if I borrow a tissue?"

"They're all yours. Got a cold?"

"No."

"No?"

Over-thorough blowing.

"Still teaching?"

"Yip."

"Your wife?"

"Part-time."

"That's good. How's French?"

"More Guidance now, really. But, yes, I am remitted to twelve contact hours of French a week. Quite stimulating, actually. I've got very good classes this year. The guidance bit is most demanding. It's a promoted post."

But why did he say that? Why divulge this or any other important aspect of his life? What did it matter?

"And what are you promoting, Edward?"

"Primarily homosexuality! You know, give it a shot."

"Don't be sick."

"Are you very sick, Grandad?" Molly enquired solicitously.

"Did they kick your head in?" Her brother's excitement could not be contained.

"Don't be so stupid," Molly chided in an exaggerated whisper. "They hit Grandad over the head with a five-iron."

"With a what?"

"A five-iron." She held all the fingers on her right hand

outstretched as an aid. They bore no resemblance whatsoever to a golf club.

Edward was pacing and sniffing round the hospital bed. His father, still smarting from the pounce, made little effort to try and engage him in any safer topics.

"Your eye looks awful. Can you see out of it at all?"

"Today, just."

"It looks bloody painful."

"It was. Hooligan."

"Just one?"

"One was enough."

"Seen anyone? Or should I say: has anyone come to see you?"

"Yes."

"Who? Anyone remember me?"

"Brian Dempster was here with his wife, the day before yesterday. Mary took a few clothes home to wash. I told her not to bother but . . ."

"That was kind. Anyone else?"

"See that wee nurse – she was on duty the night I came in. She's from the Black Isle. Wee cracker. I've been kidding her on a bit, since they started pumping me with heroin. God, it makes you feel good."

"Seen anyone else?"

"I think she's got a partner. I don't think they're married. I didn't ask her if they were living together."

"Thank God. So that's all you've seen then: the Dempsters?"

"No. David MacNeill's been in a few times. His son came with him the second time."

"How is Alasdair?"

"It was Anthony."

"What's the, eh . . . where, eh . . . Did he give you a kiss?"

"He's married. Living in Hong Kong. Two kids like yourself. He was in Glasgow on business. He was just home for the weekend."

"Well, well."

He was at home. Tony MacNeill.

They were all at home. Eddie Stevenson, Tony MacNeill, Mick Davis, Ted Young. Deafening rooms of lead guitar smoke. Zepellined attitude. Sabbatarian views of the heavy metal black variety rather than the stone-faced Bible-bashing British Home Stores suit variety.

They were all at home in Inverness in 1979 and convinced of one thing midst the vast ruts of uncertainty: "Inversneckie gets ditched." Everyone had succeeded.

Strange now to see it swelling, containing an increased population's desires. There's Thatcher's legacy for you. O ye of diminished expectation. But Edward was back then, seeing and feeling and retelling its potency.

Tony came round more than the others – more my self-consciousness in play. Though he did just live round the corner. Our dads kind of knew each other from laddish dancing days. Tony knew the whole story – had come home on Mondays, Thursdays and Saturdays. He sang so sweetly. His curls were ringlets of relief. The small green light on the Hitachi amplifier was more than sufficient to sing by. Share by. Harmonies emerged beautifully from the open framed shadows:

"*A wanna get a piece of your love.*
'Cos I'm all, all, all right now."

He and Mum had a laugh. He could chat the pants off a policewoman or else ... Dad was always edgy. Ever the rebel, though, Tony. Would go the extra hundred yards, promising the mile if you bet him. Said things to others' old folks that would make the rest of us squirm and mop their fuddy thinning brows compassionately.

Wharfdale speakers – knee-deep in music we were – boomed and beat us through that winter – took away the cold of cares. Liberated the under-energy warmly.

Lying still, swallowing the slow refrains. Reaching through expectations. Creating a new night-dance area for the gentle wicked in the heart of pleasant, wife-battering suburbia.

No drugs. We didn't need them. That was their excuse. Their only belief refuge to explain touch and smell and uncontrolled dancing. Marc Bolan was out but totally in with us – given the freedom to 'love the boogie' unhindered. We leapt and howled like spiky-backed dinosaurs. Hardly noticed winter, spring to early summer – the curtains, hung on my thirteenth birthday, straining to contain their secrets. Wilting under the intense blinding MayJune sun.

A ripple of wind teased up their fronds that day. Vicious imprecations broke down the door.

"You fucking, sneaky little perverts. What the hell have I done to deserve this? O my Christ. I don't believe it."

Tony's breast had an impressive black scattering. His breathing if anything slowed, before violence erupted.

"So, is Tony ok?"

"Seems to be. He smiled the whole time he was here, didn't say much. Just kind of smirked. Myself and his father go to watch

Caley Thistle – most home games. Cancer got her as well. Poor bugger was done for months."

"They don't need money," Edward said, returning the four pound coins that had been thrust into Molly and Justin's eager paws.

"Driving home tonight?"

"Yeah, business as usual tomorrow. Bye, then."

A cryptic postcard, in familiar handwriting, sent to the school for Edward's attention revealed the identity of the terrorist who pulped his father. Shame not to collect a Hong Kong stamp for Molly, though.

Ath-Aithne

Cha robh Brìd ach beagan mhìltean on eilean nuair a dh'fhalbh am fòn-làimh aice. Guth Choinnich a bh' ann, làidir, soilleir mar a bha e riamh, mun deach a shlugadh gu suthain sìorraidh tro sgòrnan nam beann.

"And you ok, Ken?"

"Yeah. Ciamar a tha am fear beag?"

"Glan. Fhathast na chadal. Anna gu math?"

"Chan eil dona. Just one emergency shower in the Little Chef. Daddy coped. Ach tha mi beagan air deireadh. Deadlines. Bidh e mu chairteal an dèidh a h-ochd mus ruig mi taigh Maighread. Na fuirich rium. Thèid sibhse dhan hotel is cha bu chòir gum bi mise cho fada sin às ur dèidh. Maighread's Mum still up for all this, I take it?"

Bha i sin, ach bha e na b' fhaisge air naoi uairean mun do laigh a sùil air Coinneach Scott agus a nighinn bhig airson na ciad uair.

'S i an fhìrinn a bh' aig Coinneach – bha obair aige ri chrìochnachadh an latha sin – ach 's e fhèin bu choireach gu robh i aige is nach robh e ullamh dhith fada ron a sin. Bha deannan mhìosan ann bho chaidh an deireadh-seachdain air an eilean còmhla ri Brìd is Maighread a chur air dòigh. Cha robh Coinneach fhathast cho cinnteach riuthasan gum bu chòir dhan chloinn a bhith na lùib. Chan e iadsan a bha nan caraidean san oilthigh. Mar sin, carson a bha còir aca bhith faighinn air adhart còmhla?

"Nis, cà 'n deach an New Man sin?" orsa Maighread. "Tha mi deimhinnte gum faca mi fear dhen t-seòrsa a' gabhail a-mach air an uinneig dìreach an ceartuair."

'New Man' ann no às, bha Coinneach air cur roimhe o chionn deagh ghreis aithisg air caitheamh-beatha athraichean a sgrìobhadh mu choinneamh sanais a nochd anns an *Scotsman* aig toiseach na bliadhna. Bha e 'n làn-dùil feuchainn ri pìos a chur thuca air a shiuc fhein an-uiridh ach dh'fhaillich air tòiseachadh. Bha am pàipear a-nis a' sireadh a leithid is mar sin dh'fheumadh e rudeigin a dhèanamh. Theab nach d' rinn e dad.

B' e an Dihaoine sin fhèin an ceann-latha airson nan aithisgean, is chaidh a' chuid bu mhotha dhith a sgrìobhadh air laptop air bòrd a' chidsin eadar uair agus trì uairean sa mhadainn. Bha e air an còrr dhen oidhche a chur seachad a' crannsachadh an taighe air fad a' feuchainn ri aodach fhèin agus trealaich Anna a chur ri chèile. Cha bu dùraig dha iarraidh air Judith a chuideachadh.

'S e làmh Choinnich fhèin a thairg am pìos-ealain, a bha sgaoilte thar chòig canabhasan, aig oifisean *An Albannaich* faisg air Lùchairt Holyrood.

Bha an dìreadh cas o Waverley suas gu seann oifisean a' phàipeir air a chuid analach a thoirt bhuaithe mun do mhuthaich e dhan t-seòladh ùr, agus cuideachd gu robh dà mhearachd-sgrìobhaidh air a' chiad duilleig dhe sgeul.

Thòisich tè de mhuinntir na Nursaraidh, Chris, air tarraing às gu geur nuair a gheàrr e cruinn-leum a-staigh dhan chidsin aig leth-uair an dèidh a dhà an àite uair feasgar mar a gheall e. A rèir choltais, chòrd an dìnnear nach robh dùil aca a thoirt dhi gu mòr ri Anna bhig. Gu dearbha, cha robh sgath cabhaig oirre falbh. Astar mòr roimhpe agus oidhche ann an leabaidh àraid mum faiceadh i sealladh air Lucy agus Calum. Ge b' e cò bh' annta sin? Bha dèideagan gu leòr aice far an robh i.

Nuair a bha iad a' tighinn faisg air an eilean mu ochd uairean, stad Coinneach aig cafaidh thartain nach b' aithne dha, airson badan na tè bige a thoirt dhith. Cha robh taigh beag nam fear ach gu math robach, ach chaidh aige air a tòn bheag phinc a dhinneadh dhan t-sinc chumhang gun cus strì no caoinidh. An dèidh dha a tiormachadh, thug e badan ùr às a' phocan B&Q is cheangail e oirre e fon aon bheast. Air muin sin uile dhùin e an deis'-oidhche bhuidhe fhaoileagach sin air an robh dà fhichead putan agus a còig.

"Gallachan putain," ors Anna nuair a chaidh fhaighneachd dhith an robh i ag iarraidh sìon ri òl.

"I don't know if we've got that, darlin'."

Bha am boireannach mòr a' slìobadh ceann a' phàiste mar a shlìobadh tu each. "What about Ribena? Got yer wee birds on, pet. Ir they your wee night night doves, darlin'? They're lovely."

"Chan eil!" dh'èigh Anna, a fiaclan nan teann-shnagadaich. "Mamaidh lovely."

"'G iarraidh Mamaidh," ors ise san aon ghuth nuair a bha Coinneach a' feuchainn ri cur sìos ann an taigh Maighreid. "Nis, Anna, 's e Dadaidh a tha còmhla riut an seo," mhìnich a h-athair dhi le pòig, a' guidhe air a sùilean ro bheòthail direach dùnadh.

"Feuch a-nis gun dèan thu norrag, Anna."

"No 'g iarraidh norrag, 'g iarraidh Mamaidh!"

Dh'inns Ealasaid, màthair Maighreid, dhaibh gun tug i cupa bainne dhi mu chairteal gu deich is nach cuala i an còrr bhuaipe fad na h-oidhche. Cha chuala no iadsan, is iad nan suain throm gu 'n do dh'èirich Calum beag aig Brìd an dèidh ochd uairean.

Bha an dìnnear san taigh-òsta air leth math is air a deagh chur air dòigh. Gach aon dhe còig pàirtean. Bha car de leisge air Maighread agus Brìd tòiseachadh às aonais a' ghille-mo-ghnothaich aca; mar sin, nuair a ràinig Coinneach, cha robh iadsan ach letheach tron bhrot.

"Shin agaibh sibh," orsa esan an dèidh dha spàin mhòr Phrawn Cocktail a ghlàmadh gu sunndach. "Còmhla a-rithist, a dh'aindeoin nam myriad challenges nar beatha ùr riaslach. Deagh shlàinte dhuibh."

"Beatha ùr riaslach?" Cha robh ann am Brìd ach an t-olc. "Slàinte mhath, a Choinnich. Slàinte, Mhaighread, a ghràidh, agus tapadh leat airson dèanamh cinnteach gun do thachair seo."

"It's your life indeed, ma-tha," orsa Maighread, "ach dè mu dheidhinn na tè bhochd ud shuas – tha treis on a bha ise na bean-cuim aig triùir leanabhan. Nach i an t-eun!"

"Well, actually," orsa Coinneach an guth boireann, "cha mhòr gu bheil cuimhne agamsa nuair a bha Anna aig an stage sin, brèagha 's gu robh e. Soon even nappies will be a mere fragrant memory. Tha an nighean againne cho advanced, fhios agad."

"Do dh'Ealasaid NicDhiarmaid, seanmhair na seachdain air prògram Choinnich MhicIomhair." Bha Brìd ag èirigh on bhòrd, boinneagan de dh'fhìon geal a' teicheadh mar dheòir às a glainnidh. "Agus do Choinneach Eòghainn Mac an Albannaich, a bh' air a' phrògram an t-seachdain sa chaidh, cuimhnich, an aon fhireannach le boobs chearta ann an Alba."

Thàinig e a-staigh air inntinn Choinnich còmhradh a bh' aige le Brìd dìreach seachdainean mun do rugadh Calum. Bha i fhèin a' dol ga bhiathachadh ge b' e dè a' chomhairle a bheireadh a màthair is a peathraichean oirre. Cha chuala e idir ciamar a chaidh dhi. An cois a' chòmhraidh, nochd dealbh bho àm eile, treis roimhe, nuair a thadhail Brìd orrasan ann an North Berwick. Bha i fhèin agus Judith nan suidhe còmhla a' mealtainn shìtheanan earraich an t-sòfa mhòir. Bha Anna mu shia mìosan aig an àm agus i a' dol às a rian air adhbhar air choreigin. Nuair a thug Judith a broilleach dhi, dh'èirich Brìd a-mach às an t-seòmar an dèidh mionaid no dhà.

"Slàinte mhòr, a Bhrìd," ors esan. Ach cha tigeadh a ghàire idir a rèir na chaidh a ràdh.

Chualas gu leòr a naidheachdan mun bhòrd an oidhche sin. Feadhainn air an robh fhios glè mhath aig Coinneach mar-tha, oir bha gnothach aca ri beatha dhaoine a b' aithne dhaibh le chèile. Coma sin, b' fhiach a h-uile ath-innse. Gheibheadh Brìd, ach gu h-àraid Maighread, air taobh no earball fhilleadh rin aithrisean a dh'fhàgadh na caractaran annta cho èibhinn no cho buileach truagh is nach fhuilingeadh tu an deireadh a chluinntinn.

Rud a dh'fhoghlaim Coinneach nach robh fios aige idir air, 's e gu robh Maighread an dèidh fear às a' Ghearastan, air an robh Kevin, fhaicinn uair no dhà o chionn mìos. Cha robh for aig Alasdair no aig a màthair. Bha e air a bhith ag obair a' leasachadh na seann sgoile, ach bha a chùmhnant gus teirgsinn.

Dh'inns i fhèin dhaibh gu robh Calmac air Alasdair a ghluasad chun an *Isle of Arran* eadar Ceann na Creige agus Ìle. 'S ann ainneamh a bhiodh e a' tighinn a choimhead air Lucy co-dhiù, fiù 's nuair a bha e ag obair na b' fhaisge orra. Cha leigeadh Maighread leis a toirt air falbh uair sam bith a-nis. A rèir choltais, cha robh Alasdair a' dèanamh gearain ro mhòr mun chùis.

Bha gearain gu leòr aig Brìd ri dhèanamh, ge-ta. Bha i

leamh, mu dhol-a-mach Alasdair ach cuideachd mu dheidhinn suidheachadh na h-obrach aice fhèin. Bha i air tilleadh gu Ninewells pàirt-ùine nuair a bha Calum ceithir mìosan, ach bha iad a' feuchainn ri barrachd uairean a thoirt dhi air sgàth gainne luchd-obrach le comasan air cùram sheann daoine.

"Dè 'm math dhomh sin a dhèanamh? Cha d' fhiach e. Cha dèan iadsan ach tuilleadh Bank Nurses a chaitheamh thugam. Agus dè nì mi leotha sin, òinsich gun fheum ann an taigh-caoich?"

"Dè tha Iain a' canail?" Thug Maighread sùil gun fhiosta air Coinneach. Sùil a thug Coinneach an aire dhi.

"Chan eil mòran sam bith, a Mhaighread. Tha e ga fhàgail agam fhìn."

"Bidh e fhèin trang, tha mi cinnteach." Bha Coinneach ag amas air ràmh a bhana-charaidean fhaotainn. Ach bha e ro luath is ro shleamhainn dha.

"Yeah. Tha Iain trang. Iain's always really busy." Cha do chuir Brìd an còrr ris ach sin fhèin.

"Agus dè an triom a th' air Judith, a Choinnich? 'S fhada o nach robh i a' fònadh. Nis, sin agad boireannach dripeil dhut." Bu thoigh le Maighreid riamh bean Choinnich. Gu dearbha, 's gann gum faighte facal a-staigh orra nuair a gheibheadh iad còmhla. Bha e fhathast a' cur iongnadh air Coinneach an dithis aca a bhith cho mòr aig a chèile.

"Tha i gu frogail! Dammit, thuirt mi rithe gum fònainn thuice às an taigh agad."

"It's only eleven o'clock, Ken." Bha Brìd a' cosg uaireadair mòr ioma-dhathte. "Bidh i gun tilleadh dhachaigh fhathast o oidhche mhòr sa phub. Gun aice ri èirigh tràth a-màireach, ma tha i idir nàdarra, cuiridh mi geall gum bi i a' gabhail brath air a saorsa àlainn a-nochd."

"Doubt it, Brìd. She's got a workshop in the Borders all this weekend."

"Tai Chi?" Bha na mailghean aig Brìd air an togail ro àrd.

"Chan e, Yoga. Fancy moving into the bar? I am dying for a pinnt mòr Guinness."

Gun feitheamh ri freagairt, dh'òl e na bha air fhàgail na ghlainnidh is dh'fhàg e am bòrd.

"Bheil thu smaointinn gu bheil esan ok, a Mhaighread? Nach ann a tha am balach beag busach." Bha Brìd a' dèamhadh a' bhotail eatarra.

"Tha latha fada air a bhith aige – dè bha e ag ràdh, gu robh e ag obair air rudeigin gu dà uair sa mhadainn is an uair sin chaidh dàil a chur air a' fàgail Dhùn Eideann, is e leis fhèin cuideachd leis an tè bhig."

"Agus dè an suidheachadh a th' agadsa fad an t-siubhail agus agamsa a cheart cho tric, cha mhòr? Coltach ris a' chuid as motha de dh'fhir, tha Ken a' dèanamh glè mhath, a dh'aindeoin ... chan eil mi dol a ràdh a' chòrr."

"Chan eil sin coltach riutsa, Bhrìd, a m' eudail," orsa Maighread, a' pasgadh a caraid na gàirdeanan, dìreach mar a rinn i ioma h-uair roimhe. "Nach tu a dh'fhàs sìobhalta nad sheann aois, a leadaidh."

Rinn Brìd ma b' fhìor cagnadh air amhaich Maighreid.

Cha robh cinn nan closnach ach air èiginn slaodte ris na bu leis iad làrna-mhàireach nuair a thòisich ùpraid na moch-mhaidne. 'S ann an ceann Brìd, mar a bhiodh dùil, a bha an clàr-tomhais bu mhionaidiche.

Maighread bu mhotha is bu bhrèagha a sheinn; sia òrain eireachdail mu choinneamh nan trì aicese agus a dhà a ghabh Coinneach bochd. Uill, 's e fear de chloinn Dhòmhnaill Dhuibh, Pansaidh, a chuir crìoch cheart air 'Fiollagan' dha, ach 's fheàrr do charaid a bhith fialaidh na spìocach le comharran dhen t-seòrsa.

'S i fhèin, Brìd nam buideal, bu mhotha a rinn òl; cheannaich Murdo Raisins tè mhòr Jack Daniels dhi, gun fhaighneachd, nuair a bha i na seasamh a' feitheamh round do chàch. Bha uair ann a bhiodh i ro dheònach an t-astar eadar a chlàragan is a chùlagan a thomhas le bàrr a teangadh, ach bha Murchadh còir air a dhol na bhodach beag. Chan e adhbhar dram a dhiùltadh a bha sin, ge-ta.

'S e 'the sensitive boy', Ken mòr a cridhe, a rinn a' chùis gu buileach air na caileagan a-thaobh na bhruidhinneadh de spùt. Agus e cho cruaidh orrasan cuideachd. Mac na tè sin, duine gun nàire, dìreach – dè an rud a thuirt Maighread nuair a bha e a' cur às a chorp, mar gum biodh ga dhìon fhèin, mu 'the need to differentiate clearly between active love duties and theoretical love duties'.

"Aghaidh air a' ghille tha seo a rachadh tro aghaidh teine."

"Get out your pit, Scott. You're not a wee student now, boyo. You've got parental responsibilities to disabdicate!"

Bha Brìd na seasamh os cionn a' phocain-chadail aige le Anna bhig leth-rùisgte na h-uchd.

"Bheil fhios agad air a seo, Anna? A bheil thu a' faicinn a' chnap-feòla a tha sin am falach fodhad? Uel, 's e d' athair a tha sin. Agus 's e sin am fear a tha ag iarrraidh am poo a sgrìobadh far do dhrathais agus na faoileagan beaga bochda a chur am bogadh."

"Ah, faoileag beag bochd; feòil math' ag iarraidh feòil," ors an tè bheag is i ag imlich cluas chlì a h-athar tron phocan.

"Oh, no, don't tell me. An do rinn thu poo na do bhadan, a m' eudail."

"Cha rinn!"

"Bongle bheag chealgach a th' annad. She was supposed to be in on the gag, Ken. Been on 'The Kenny Scott Mornings Masterclass', I'd say. Creid seo no nach creid, ach thàinig a' bhana-phrionnsa bheag ghleusta seo a-staigh thugamsa agus, quite the thing, thuirt i gu robh i ag iarraidh poo a dhèanamh, anns an toileat, is shìn i a làmh dhomh. Dadaidh, orsa mise le ùghdarras, feumaidh tu dhol gu Dadaidh.

"'O, chan fheum,' orsa ise, 'Dadaidh na chadal mòr mòr.' Ach rinn i sònraichte math – 's tu a rinn, Anna."

"An do rinn thu poo anns an toileat, Anna?" chagair Coinneach ri nighinn ghaolaich, an dèidh do Bhrìd an doras a dhùnadh.

"Rinn," ors ise gu moiteil, "còmh' ri Brìd!"

Thug e an tè bheag a-staigh dhan phocan-chadail, ga fàsgadh gu teann ri bhroilleach. Dh'ath-dhùin e a shùilean feuch am faiceadh e air èiginn calpa no òirleach craicinn air cùl amhaich. Bha am fàileadh aice san t-seòmar gun a thrèigsinn fhathast, ach bha fàileadh milis na tè bige, is a beul a' sleamhnachadh bho shròin gu bheul-san, ga shìor mhùchadh.

"Dè fon ghrèin a tha do mhàthair air a chur ann an sin dhuinn, a Mhaighread. Tha mise fhathast buidheach on bhraiceast aice."

Bha Coinneach, Brìd, Maighread, Anna, Calum agus Lucy air an Tràigh Shiar a ruighinn. 'S ann fo chreig mhòir dham biodh Maighread daonnan a' tighinn na h-ighinn òig a bha iad a' gabhail fasgaidh. Bha an dearbh thè a' feuchainn ri cupa a lorg anns a' bhaga aice.

"Direach bonnach no dhà. Fhios agad, a Bhrìd. Rud beag a chumas an t-acras dhinn gu 'm faigh sinn dìnnear mhòr mharbhtach bhuaipe a-nochd. Nis, a Choinnich, dè a b' fheàrr leat: sgona mòr le silidh no le càise? Nach gabh thu na dhà, a ghaoil, 's tu gus a dhol bhuaithe?"

"Coinneach òg 's e fàs . . ." thòisich Brìd.

"Just stop working on me, you nasty wee òighean suairce. You're spoiling all this magic serenity."

"Agus sguir thusa a dh'fheuchainn ri gainmheach a chaith-eamh air Anna, a Chaluim Bhig," dh'èigh Brìd ri gille bàn rosadach, mar dhearbhadh air faoineas Choinnich.

"Nis, tha slige bhrèagha aice – leig leatha a cur rid chluais gu 'n cluinn thu fuaim na mara."

"Fum," orsa Calum.

"Fuaim! 'S e! Tha thu ceart. Glè mhath, a Chaluim, nach tu an gille mòr!"

"Beir air làimh air Calum, Anna, gu 'n cùm e na sheasamh – 'n taobh eile, m' eudail, tionndaidh an t-slige an taobh eile, Anna. Dad ort, seallaidh mi dhut."

Cha do chuir leasan nan sligean no serenity Choinnich Lucy bheag chòir far a norraig an dòigh sam bith. Chùm i a ceann beag falaichte fo sgèith am broinn na papoose a bha fhathast fo sheacaid a màthar. 'S e òran gu math tlachdmhor a bha a com is a cridhe a' dùrdail dhi.

"Rionnag a tha nad mhàthair, a Mhaighread." Bha Coinneach a' sracadh velcro agus a' sgapadh chriomagan arain. "Tha mise cinnteach gun còrdadh Dùn Èideann rithe. Seall, bheireamaid Business Class Return dhi air Highland Scottish, cupa tì agus digestive nuair a ruigeadh i, an aon rud mum falbhadh i. Can

uair sa mhìos – chan iarramaid an còrr oirre. Nach biodh sin
reusanta gu leòr? Agus air a shon sin uile, cha leigeadh ise leas
ach am biadh a dhèanamh dhuinn agus aon oidhche baby-
sitteadh. What a deal. Tha i cho math leis an tè bhig co-dhiù.
Chan e obair a bhiodh ann dhi."

"Uair sa mhìos? Rud beag cus, 's dòcha." Chuir Maighread a
lamhan air ais air druim a' phàiste mheanbh. "Tha mo mhàthair
ceart gu leòr na dòigh fhèin. Chan eil sìon nas fheàrr leatha na
stior air choreigin. Ach . . . tha droch naidheachd agam dhut, a
Choinnich. Deagh naidheachd dhutsa, Bhrìd!"

Dh'èigh Maighread a naidheachd gu làidir an aghaidh na
gaoithe, ach cha chuala Brìd aon lide dhith, oir bha i fhèin, Calum
is Anna fad' air falbh a' tomhas stuadhannan: "Coinneach a tha
dèanamh na dìnnearach a-nochd!"

Bha taigh-aire gu bhith ann an oidhche sin. Cailleach às a'
Cheann a Tuath, air an robh a màthair car eòlach, air bàsachadh.
Bha fuine is gnothaichean eile aig Ealasaid ri dhèanamh air a
shon a bharrachd air obair an taighe aice fhèin. Bha i dol a
dh'fhalbh suas cho luath 's a gheibheadh i cuidhteas 'an crowd
aig Maighread' sa mhadainn.

Bha Maighread air tachairt ri Màiri Uisdein ach chan i
a màthair a thug ann i idir ach Alasdair. Bhuineadh esan
dhan bhoireannach bhochd is bha e ag iarraidh gun tachradh
Maighread rithe nuair a thug i fhèin is e fhèin gealladh-pòsaidh
seachad an toiseach.

Ach fad a' chòrr dhen fheasgar sin air an Tràigh Shiair – fhad 's
a bha clann gan socrachadh, gan toileachadh is gam biathadh;
badain gan atharrachadh is gan truailleadh le craiteachain
gainmhcheadh sheòlta; sligean na b' annasaiche na chèile gan

lorg is gam mion-sgrùdadh; caistealan gam fàgail daingeann le drochaidean muirsgein agus brataich iteagach – dh'iarr tonnan mòra, uidh air n-uidh, a bhith na bu ghiorra do thìr agus dh'fhiosraich triùir dheagh charaidean buille ùr shnasail.

Bha Coinneach math, math gu dèanamh bìdh. 'S e bu trice a smaoinicheadh air fiathachadh a thoirt gu dìnnear nuair a bha iad nan oileanaich còmhla. Nam b' e Disathairne a bh' ann, chuireadh e seachad fad an fheasgair ann an seann lèine-tì is shorts, no fiù 's nas miosa, ga h-ullachadh.

Uaireannan thigeadh ochdnar aoighean acrach gu flat mhòr athar, ach glè thric cha bhiodh ann ach e fhèin, Maighread agus Brìd. Bha e air dìnnear no dhà a thoirt do Bhrìd na h-ònar – iasg geal ann an sabhs liomaid is mil an tè mu dheireadh, profiteroles nach deach ithe riamh – ach bha grunn bhliadhnachan air triall on uair sin.

"Mach às a sin, a Chaluim, chan eil mi smaointinn gu bheil thu ag iarraidh uinnean fheuchainn an dràsta, cuiridh e far do bhrot thu. Anna, an toir thu leat Calum beag a-mach às a' chidsin. An do sheall thu an doileag dhubh dha?"

"Fios agad, bidh mo mhàthair-sa fhathast a' gabhail golliwogs orra sin agus air daoine dubha uaireannan. Nach eil e cianail." Bha Maighread a' cur ceithir botail ghlana a-staigh do steriliser.

"Diabhlaidh, chanainn. Nach sibh a tha neo-Ph.C. anns a' Chnoc Àrd. Falt dubh a th' oirre, Mhaighread. An doileag dhubh. Thusa cho siùbhlach cuideachd – uill, uill."

Bu thoigh le Coinneach uaireannan pòg mhòr a thoirt do Mhaighreid. Bha rudeigin cho còir mu deidhinn a bha doirbh dha a chur ann am faclan. Ach chùm e a smaointean aige fhèin aon uair eile.

"Mmm, feuch am fàileadh. Nach ann air na scrambled eggs agad a thàinig am piseach, ill' òig. Bheil thu car faisg air a bhith deiseil – 's e dìreach gu robh mi smaointinn air searaidh bheag eile a thairgsinn dhan Mhnaoi-uasail Nic an Aba, a tha air a bhith cho foighidneach leis a' chloinn fad an fheasgair."

"Bheir dhi am botal," orsa Coinneach gu cas, a' dòrtadh làn glainne de dh'fhìon dearg a-staigh dhan phoit. "Bithear a' suidhe airson suipearach aig leth-uair an dèidh a seachd. Ok? Ach faodar clann bheag a lìonadh agus an caitheamh dhan leabaidh uair sam bith. Tha an t-searbhanta deiseil is an eanraich air fuarachadh."

Ma bha, cha ghabhadh Calum aon spàin dhith; bha glas a bheòil air ragadh. Cha do ghabh Anna ach beagan, is i ro thrang a' brosnachadh an fhir bhig le a spàinidh fhèin gu gèilleadh. 'S i Lucy a b' fhasa dhen triùir a riarachadh – ghabh i deagh chuid dhe botal agus seachd spàinean de rus mìn geal.

Gu h-iongantach, bha a' chlann uile nan sìneadh, ged nach robh nan cadal, aig beagan an dèidh cairteal gu h-ochd.

"What a man," orsa Brìd. "Can you pour me just another quarter of a bowl of Tom Yam, Ken. It's so yammy, haa-haaa. Mionaid bheag, haa-haaa-haaaa."

Chluinneadh tu on chidsin an lasgan fhathast a' toirt crathadh oirre, 's i feuchainn ri smachd fhaighinn air Calum is oirre fhèin shuas an staidhre.

Ach bha an Tom Yam aig Coinneach cho math ri brot a rinn e riamh dhaibh, agus fhuair a' chearc mhilis, air glasraich bheag fhoileagach, a fìor dheagh ghabhail roimhpe. Leig Brìd brùchd mòr aiste nuair a bha i a' feuchainn ris an dìnnear a mholadh am faclan a chòrdadh ri Coinneach. Theab i dhol ann an laigse leis a' ghàireachdraich a bh' oirre, is shil sùilean Maighreid an làn-leòr.

Bha e na b' fhasa bruidhinn mun dessert. Measan ùra le uachdar is iogart Ghreugach. Bha fhios aig Maighreid dè bu chòir dhi cheannach dhan mhasterchef agus cuideachd de bu chòir dhi ràdh ris.

"Perfect, a Choinnich. Tha thu air leth, a bhalaich. Nighidh mise na soithichean a-nochd. Leigidh mi leatsa an tiormachadh. Air m' onair, thoill thu e. Nis, bheir leat do ghlainne a-staigh dhan living room còmhla ri Big Bridget MacNab, gu 'n dean mi beagan percolation. Faodaidh sibhse na thogras sibh a dhèanamh."

"Saoil am faod," dh'fhaighneachd Brìd, 's i a' seailtainn tro na CDs aig Maighreid. Bha sùilean Choinnich ann am *West Highland Free Press* na seachdaine.

"Sgath nas fheàrr agad na Simply Red, a Mhaighread?" dh'èigh i. "Cuimhn' agad, bha deich bliadhna ann uaireigin ris an canadh iad na Nineties cuideachd. Ach, a Thighearna, 's dòcha nach eil! An inns thusa dhomh nis? Sìon ach an tul-fhìrinn, a leadaidh. An dearg-fhìrinn ghlan. Cò cheannaich *My Shoes Keep Walking Back to You*? Coma leam do bhreugan beaga dubha. Cha bhi do mhàthair a' tighinn an seo cho tric sin. Accommodating the babysitter, my arse. Tha thu nad neach-leantainn dìomhair aig Daniel O'Donnell, agus 's e seo do chlòsaid bheag."

Cha do leig guth òg Mick Hucknall le Maighreid i fhèin a dhìon no le Brìd an còrr thàthagan a thilgeil oirre. Bha am fuaim air a chur fada suas, agus le seòltachd putan no dhà air an inneal, bha an còmhlan aige a-nis a' tathaich an t-seòmair-shuidhe.

Thionndaidh Brìd air a sàil mu choinneamh Choinnich; air a

sàil ghoirt. Dh'èirich esan na sheasamh is roilig e am pàipear gu cabhagach mun do chniadaich e na dhà làimh e.

"Holding back the years," sheinn e gu piantail na mhicreafon, "Thinking of the fear I've had so long." Dhanns e corra cheum sàbhailte ris a' cheòl, an taobh a bha i. "Holding back the tears, Brìd . . . wasted all those years."

'S e Alasdair a bh' air an CD aig Daniel O'Donnell a thoirt do Mhaighreid, ach cha b' urrainn dhìse na deòir a chumail air ais, 's i na suidhe leatha fhèin sa chidsin a' feitheamh a' chofaidh a' goil airson bhliadhnachan.

An t-Àite as Bòidhche fo na Neòil

. . . leth-phinnt is leth-tè eile.

Daonnan an aon dram. Mar bu ghnàth leis. "Anns an talla 'm bu ghnàth le Mac Leòid." Rinn e oidhirp air gàire beag, ach ghoirtich e a chraiceann.

Bha am bàr a' sìor lìonadh is aghaidh dhiofraichte a' nochdadh aig an doras gach uair, cha mhòr, a shealladh e suas. Dh'aithnich e a' chuid bu mhotha dhiubh, bhiodh e gam faicinn an sin tric gu leòr. Dh'aithnich iadsan esan. B' aithne dhan a h-uile duine Eachann, no Hec mar a bh' aig Tim, fear an taigh-òsta, air. Rugadh is thogadh e anns an àite (chan ann anns a' bhàr ach gle fhaisg air) is bha e air fad a bheatha a chur seachad ann.

"Except when I had to go to the Dental Hospital, where they removed all my wisdom teeth."

Mar a chluinnte gun sgur, air feadh an t-samhraidh, 's e cumail cab gun tlachd ri srainnsear air choreigin. Ged nach do chreid mòran an sgeulachd fhèin, no gur e sin an aon àm a ghluais e far an eilein, dh'aontaich iad uile, ma bha 'wisdom' sam bith riamh aige, gu robh e air a chall am badeigin. B' fhada on uair sin.

Cho fad 's a chitheadh duine, cha d' rinn Eachann heat ach a phèinnsean òl an àiteigin agus a mhùn an àiteigin eile. Chanadh cuid gur e deagh shaor a bh' ann latha dha robh e, agus 's dòcha gur e.

. . . leth-phinnt is leth-tè eile.

189

Chuir e a' ghlainne ri cheann, a' dèanamh teasairginn air a' bhoinneig mu dheireadh na grèim. An uair sin dh'obraich e a theanga timcheall air a bhilean gus an d' fhàs blas an fhallais na bu treasa orra na an t-uisge-beatha. Spìon e a' ghlainne ùr ga ionnsaigh is leig e gaoth.

Bha e air fàs car mì-chomhartail mun cuairt a' bhàir le feadhainn a' putadh ach am faigheadh iad deoch, agus feadhainn eile nan seasamh, a cheart cho coma dhiubh, a' bruidhinn ri chèile no a' dèanamh comharra airson frithealaidh. Dh'èist Eachann ri guthan nan daoine a b' fhaisge air.

"Could I hev two whiskies, a bacardi, a martini and lemonade and a vodka and cowk?" dh'fhaighneachd guth à ceann a deas Shasainn do ghuth à Glaschu. Bha guth fireann à Liverpool (bha e an dùil) a' feuchainn ri toirt air guth boireann à faisg air Inbhir Nis deoch eile a ghabhail, ach bha ise ga dhiùltadh. Bha guth às an eilean le lì fhuadain air a' chainnt ag innse dha na balaich mun tè air an robh e a' feuchainn an oidhche eile. "A'm tellin ye, boys, Mhairi 's a real piece of stuff – pure class, man!"

Feumaidh gun tàinig i a-steach dìreach aig an àm sin, thoradh sguir an guth a bha sin, guth brònach an eilein, anns a' bhad, agus leig na guthan blabhdaireach a bha air a bhith sàmhach ag èisteachd ris siot, mar chòisir, thron sròin. Seadh, chuala Eachann na guthan ceart gu leòr, is thuig e iad, na faclan a thàinig asta. Bha e air fàs gu math cleachdte ri bhith gan cluinntinn. Nach b' fheudar dhà?

. . . leth-phinnt is leth-tè eile.

Bha co-fharpais nan darts air tòiseachadh, sgioba a' bhàir an aghaidh sgioba bhon bhàr dà mhìle shios an rathad. 'S e blàr a bhiodh ann is bhiodh beatha dhaoine an crochadh air cò bhuannaicheadh. Bha e ceart agus iomchaidh gu robh na guidheachan a' sruthadh a-mach à beòil nan cluicheadairean cho luath 's cho geur ris na darts fhèin. Bha an stòl a bha tàirnte ri tòin Eachainn dìreach mu chòig troighean air falbh on dartboard, is mar sin b' urrainn dha a h-uile facal a bh' aig na guthan ann a shin ri ràdh a chluinntinn gun strì sam bith. Chaidh "Ya fuckin beauty" agus "Ya cunt, ye" a-staigh na chluasan is bhuail iad uair no dhà air druma na cluaise mun do thòisich iad a' cath ri chèile am broinn a chlaiginn. Stob e a chorragan tiugha annta is stad an aimhreit car treis is thugadh fèath air choreigin dha; ach theann i a-rithist nuair a mhiontraig e air an toirt asta.

. . . leth-phinnt is leth-tè eile.

"How's the sexiest yodeller in town tonight, then?"

Bha tè bhàn (à botal) le Hooch pineapple na làimh a' sealltainn dha nam beàrnan na fiaclan. B' aithne dha a màthair gu math. Bha iad air gluasad air ais dhan eilean à Livingston no à àite faisg air a sin o chionn mu cheithir bliadhna nuair a chaill an duine aice (athair na tè bàine) obair ann am Bathgate. Chaidh am factaraidh anns an robh e ag obair a dhùnadh.

"All set for the Karioke, ma-tha?"

Rinn e a-mach le bhith caogadh a shùilean gus an deach iad nan tuill mheanbha nach e an fhìrinn a bha a h-aodann a' tairgsinn, is lìon a chom le magadh is fanaid is dìmeas is dh'fhairich e cràdh, ach cha tuirt e guth. Cha robh guth aige. Chaidh i a-null gu far an robh triùir bhalach òga a' cluich pool is an ceann treis chuala e glag-gàireachdaich a' dol na lùban. Leig na sia pocaidean mun cuairt bòrd a' phool gàire cuideachd gach uair a shluigeadh iad ball far a' bhùird.

. . . leth-phinnt is leth-tè eile.

Bha an t-àite a-nist na lasraichean dearga, uaine, buidhe, orains agus purpaidh, 's iad a' toinneamh is a' treòrachadh taod a' chiùil. Chaidh aig Eachann glè mhath, ge-ta, air guth an DJ a dhèanamh a-mach gu soilleir tron cheò sholas is dibhe seo a bha a' dalladh inntinn. Cha robh àrach aige air. Bha cuideigin a' snàgail suas a sheinn a' chiad òran dhen Kharioke, brag ghrànda innte cuideachd. 'S i an tè pheroxide a bh' ann.

"Hey, Jude, don't make it sad,
take a bad song and make it better.
Remember to let me into your heart
and then we can start
to make it better,
better better better . . ."

. . . leth-phinnt is leth-tè eile.

Bhiodh faclan nan òran uile a' tighinn suas air sgàilean, ach cha b' urrainn dha an leughadh. Bha cuideigin eile a' seinn a-nist, fear de chluicheadairean nan darts, is bha guth 'tough' aige. Dh'aithnich Eachann sin, is bu mhiann leis gu mòr gun sguireadh e a' spothadh an òrain.

. . . leth-phinnt is leth-tè eile.

Bha an oidhche air fìor àirde a ruighinn. Bha an t-àite beag far am b' àbhaist dhan phool-table a bhith a-nist a' taosgadh le colainnean sleamhainn a bha gan call fhèin sa cheòl dhìblidh. Bha gach sèithear mun bhàr falamh ach am fear a bha a' lobhadh fo Eachann.

Thuirt guth an DJ gu robh an Karioke a' dol a thòiseachadh uair sam bith is gur e a' chiad ainm a bh' aige na làimh "Hec the Hit MacLean".

Bha a h-uile duine a' dùr-choimhead air. Bha an tè bhàn a'

glaodhaich is a' bocadaich mar mhuncaidh. Bha seòid a' phool dearbh mhionnaichte gun slaodadh iad far a stòil e, na lannan fhathast gleidhte nan dùirn.

"Come on, Heccy, mate, you can do it. Gie's a Calum Kennedy or a wee Andy Stewart."

Ach cha do charaich Eachann. Carson a charaicheadh? Bha fuaim an diosgo a-nist air stad is bha an sluagh gu lèir a' bualadh am basan mar bhuidhinn de luchd-taic ball-coise is iad ag agairt: "Come on, Heccy! Come on, Heccy!"

Laigh a shùil air pinnt lager marbh ri taobh nan glainneachan falamh aige fhèin is thilg e trì chairteil dheth mun do ghluais e thuca le bacaig chunnartaich, a ghàirdeanan sgaoilte nan sgiathan.

An sin, thuit e gu clis air a bheul fodha air muin an dithis a b' fhaisge air. Ach thog iad len guailnean na sheasamh e, is chuidich iad e gus faighinn gu far an robh an DJ is am bogsa Karioke. Ghabh e am bod blàth suarach na làimh dheis is thòisich e air seinn throimhe gun ghamhlas.

"Thoir mo shoraidh dhan taobh tuath,
Eilean Sgitheanach nam buadh,
An t-eilean sin dhan tug mi luaidh..."

Cha mhòr nach do rinn e an gnothach air an t-sèist, ach nuair a leum e gu corrach air na ruinn bha 'Anns a' mhadainn moch Dimàirt' air a dhol na 'mìle crùn' is bha a ghuth is eanchainn air a dhol a thaigh na galla.

Stadadh e, is thòisicheadh e a-rithist. Gach uair a dhèanadh e seo, dhèanadh an sluagh am barrachd èigheachd. Am barrachd brosnachaidh: "Come on, Heccy! Come on, Heccy!"

Gun rabhadh, thòisich fuaim an diosgo agus sgap an sluagh air ais dhan ùrlar.

Ghabh Eachann a rathad le mòr-dhuilgheadas thron mhogal dhannsairean is a-mach air an doras dhan oidhche shalaich.

Cho luath 's a bhuail am fuachd a chorp ciùrrte, dh'fhairich e a stamag a' gòmadaich is chuir e a-mach gun rian na bha na bhroinn de dheoch is de ghràin is de ghuthan. Ach chùm e a sgiathan, mar a b' fheàrr a b' urrainn dha, gu teann an tacsa ris a' bhalla, fhad 's a rinn na meallan Gallda clachadh air a cheann.

Ainglean gun Sgiathan

Tha Donna (22) na suidhe air an leabaidh ann a ward nam màthraichean ùra ann an Ospadal Rottenrow an Glaschu. Rugadh an nighean bheag aice mìos tràth, ann an uairean beaga na maidne sin. Cha do rinn Cailean Ruairidh (20) an gnothach air faighinn dhan ospadal ann an àm. Tha Donna air a bhith staigh o chionn deich latha a-nis air sgàth 's gun deach a Blood Pressure suas. Tha an tè bheag a' dèanamh glè mhath, ach tha na nursaichean dìreach, o chionn mionaid no dhà, air a toirt air falbh airson deuchainnean-fala is eile.

Thig Cailean Ruairidh a-staigh le ultach mor fhlùraichean a tha a' leth-chòmhdach aodainn. Tha e na fhallas.

CAILEAN RUAIRIDH What a maze this place is, Donna!

DONNA Shhhhh, a Chailein (*bheir i sùil mun cuairt oirre*), tha 'm fear beag aig a' bhoireannach mhòr sin dìreach air tuiteam na chadal. Tha i air a bhith strì leis fad a' mhadainn. Na seall mar sin oirre, bidh i smaoineachadh gur e pervert a th' annad! B' fheudar dhaibh emergency section a thoirt dhi aig deireadh an latha, thòisich na deccelerations a' fàs nas motha is nas trice.

CAILEAN RUAIRIDH Aidh, aidh.

DONNA Tha biast de lot aice sìos is suas a brù, chan ann idir air, eh . . . loidhne na drathairs. Tha e horrible a' coimhead.

CAILEAN RUAIRIDH Uill, 's math nach robh aca ri dad mar sin a dhèanamh ortsa. Cà bheil an tè bheag co-dhiù?

DONNA Cuir na sìtheanan sìos air an t-sèithear a tha sin. They're lovely, Cailean Ruairidh! Ach cho coltach 's a tha am bèibidh riutsa, ach tha mi cuideachd a' faicinn m' athair innte, an dòigh a tha i coimhead ort. Fhios agad, mar a bhios m' athair car a' dùnadh nan sùilean aige mum blast e ort.

CAILEAN RUAIRIDH An dòchas gum bi e treis mum bi an nighean agam a' blastadh orm mar a bhios t' athair. Ach cà an diabhal a bheil i?

DONNA Thug tè dhe na battleaxes air falbh i airson tests. Bha iad worried mun fhuil aice, cus siùcair ann no rudeigin, is tha iad airson dèanamh cinnteach nach eil jaundice oirre.

CAILEAN RUAIRIDH Bidh mo mhàthair ag ràdh gum faod an tinneas buidhe bhith cumanta gu leòr an dèidh latha no dhà, gu h-àraid ma tha am pàiste ga bhiathadh gu nàdarra.

DONNA Nàdarra? Na tòisich thusa! Neo ise! Boireannach nach do chuir duine agaibhse faisg a' mhìle air a cìochan.

CAILEAN RUAIRIDH Ciamar a tha fhios agadsa air a sin?

DONNA She's not the type.

CAILEAN RUAIRIDH Mar sin, cha do dh'fheuch, chan eil thu . . .

DONNA Mar sin, tha mi toirt an aon start do Nicole is a thug mi do Ryan le bainne gu leòr agus gaol mo chridhe, agus sin e. Esan an-diugh am fear as motha a th' air a' chlas aige, nach e? 'S e boireannach òg a th' annamsa, Chailein, chan e seann bhò.

CAILEAN RUAIRIDH   Shhhh, tha i siud a' coimhead. Deagh ùth oirrese, ma-tha.

DONNA   Dè?

Seall, nach e tha snog am balach beag. Callum a thug iad air – fhios agad, leis an da 'l'. Tha iad a' fuireach am Bearsden. Tha esan a' dràibheadh Merc: Douglas. Chunna mi am pìos plastaig mu na h-iuchraichean aige. Guth brèagha Albannach aige. Tha e car sean a' coimhead, ge-ta. Forty-five co-dhiù-dhiù. Ach tha e cho attentive dhan fhear bheag, togaidh e e, is cluichidh e leis is . . .

CAILEAN RUAIRIDH   Ciamar a tha fhios agad nach e dìreach rud ceangailte ris na h-iuchraichean a th' aige is nach e am Merc?

DONNA   Cha leigeadh e leas!

CAILEAN RUAIRIDH   Shaoil mise gu robh sinne air Nicole agus Marion a thaghadh a-mach is gu robh sinn a' dol a dhèanamh suas ar n-inntinn an dèidh dhi . . .

DONNA   Thàinig an nighean bheag bhrèagha a-mach asam a' sgreuchail NICOLE rium. Agus bheil fhios agad air a seo, Cailean Ruairidh, cha robh sgeul air aon duine beò a chuala ainm eile aice.

CAILEAN RUAIRIDH   Thàinig mi cho luath 's a chaidh agam air.

DONNA   Smaoinich air: "Hello, 's mise Ryan agus seo mo phiuthar bheag . . . eh . . . Mòrag!"

Fhios agad glè mhath dè a' chiad cheist a bhiodh ann an inntinn dhaoine!

CAILEAN RUAIRIDH   Marion a thuirt mi, chan e Mòrag. Fòghnaidh aon Mhòrag san teaghlach.

DONNA   Precisely! Agus deich mionaidean san taigh aicese agus 's e Mòrag bheag nighean Mhurchaidh an taois a bhiodh Granaidh Mòrag a' seinn dhan nighean *agamsa*.

CAILEAN RUAIRIDH   Nach e dh'fhàs bog, Murchadh bochd.

DONNA   An d' fhuair thu am magazine is na smokes a dh'iarr mi ort a cheannach?

CAILEAN RUAIRIDH   Fhuair, fhuair.

DONNA   Deagh bhùth tha siud san airport, nach e – gheibh thu rudan gu math snog ann?

CAILEAN RUAIRIDH   Nach eil fhios gu faigh. Gheibh.

DONNA   'N ann an sin a fhuair thu iad?

CAILEAN RUAIRIDH   Dè? Chan ann. Fhuair mi an àite eile iad.

DONNA   Dè an t-àite eile? An robh thu idir anns an airport?

CAILEAN RUAIRIDH   Dè?

DONNA   Chuala thu mi. Ciamar a thàinig thu a-mach?

CAILEAN RUAIRIDH   Tha fhios agad nach toigh leam plèanaichean.

DONNA   Mar sin, thàinig thu air a' bhàta. Chan ann an-diugh no an-dè. A' bhòn-dè?

CAILEAN RUAIRIDH   Diluain.

DONNA   Monday – how fucking charming. No wonder I never got to speak to Ryan. You better have a bloody good explanation. And if it's got anything to do with U2 or football, you're finished. And where has my son been all this time?

CAILEAN RUAIRIDH   Shhhhh. Bha mo mhàthair cho toilichte cuideachadh. Tha fhios agad fhèin gu bheil i fhèin is am bodach cho miadhail air.

DONNA   (*ag atharrais air a mhàthair*) Dìreach mar gum b' ann leinn fhìn . . .

CAILEAN RUAIRIDH   Gu leòr!

DONNA   Cha leiginn leis a' . . . I want to scream! Give me the cigs mun tèid mo ghlasadh sa phrìosan seo a-rithist. Bheir dhomh na cigarettes, a Chailein.

CAILEAN RUAIRIDH   Cha chreid mi nach bi agad ri feitheamh mionaid, Donna.

Thig banaltram òg bheòthail a-staigh leis an tè bhig na gaoirdean.

NURS   And this, I presume, is Marion's proud father. Nothing wrong with this beautiful baby. All she needs is Mummy and Daddy's undivided attention. Is that not right, Toots?

"B' Eòlach do Sheanair air Bothain-fòn," ors am Bearradair Maol

'Tha an àireamh de dh'fhònaichean-làimhe air feadh an t-saoghail a-nis seachad air a' bhillean, a rèir aithisgean a dh'fhoillsich tè de phrìomh bhuidhnean a' ghnìomhachais, Bell Atlantic, na bu tràithe air a' mhìos. Thuirt Mgr Robert Hall, manaidsear-reic na companaidh airson New Jersey, gur iad feadhainn fo aois deich bliadhna fichead, a tha an eisimeil ghoireasan luatha èifeachdach airson am beatha trainge, as motha a tha air cur ris an àrdachadh seo.

'Anns an dà bhliadhna a chaidh seachad tha cleachdadh fònaichean-làimhe cuideachd air a dhol am meud gu mòr air feadh dhùthchannan fo-leasaichte. Ann am bailtean far nach robh comas fiù 's *call* a dhèanamh o chionn bliadhna no dhà, tha na dèideagan beaga seo a-nis rim faicinn am bois gach dàrnacha duine. Ann am Meagsago tha barrachd dhaoine ann a-nis le fòn-làimhe na tha de dhaoine le loidhneachan stèidhichte sna taighean aca.

'Anns an Roinn-Eòrpa 's iad na Fionnlannaich as motha aig a bheil mobile bheag nan cois. Tha an dùthaich thuathach seo riamh air a bhith fada air thoiseach air càch ann a bhith toirt mhodhan ùra conaltraidh gu ìre. Nach iad a ghin am brath-teacs, agus anns na ciad trì mìosan an-uiridh chaidh còrr air leth-cheud billean teachdaireachd a chur le fònaichean beaga ann am Fionnlann.

'Anns an dùthaich sa, sa Ghearran am bliadhna, dhearbh an companaidh Orange gur ann leothasan a-nis a bha a' chuid bu mhotha dhen t-sluagh a' taghadh a dhol airson seirbheis-làimhe. Tha e coltach gu bheil seachd millean gu leth am Breatainn air cluas a cheangal riutha agus thathar a' tomhas gum bi an àireamh sin a' sìor dhol suas ri linn ìsleachadh ann am prìsean agus pasgain ùra tarraingeach.'

Ach air an 22mh dhen Lùnastal 2003, tha treud eile ann cuideachd. Feadhainn aca toilichte, iad uile trang, a' sporghail nam pòcaidean an tòir air airgead pronn; airgead-òir na bruidhne.

'S dòcha gu bheil an làmhag throm nan làimh chlì, a' chorrag mhòr a' bruthadh àireamhan gu ruige deas-bhriathran. An d' rinn an casan rathad gun an gànrachadh eadar dìobhairt nan seann chrogan-coke agus nam fags marbha? Dè am blas a tha sin a tha lìonadh am beul is a tha a' fàgail an cuid naidheachdan goirid no searbh? Cò sgeadaich na bothain is na bogsaichean dhaibh is cò iad na daoine seo a thagh am falach fhèin nam broinn? Am broinn siùsarnaich am bilean slaopach. Seo bloigheachas beatha deichnear aca.

"B' Eòlach do Sheanair air Bothain-fòn," ors am Bearradair Maol

Cò: Dòmhnall Iain Bochanan
A' fònadh à: Gèirinis an Iar, Uibhist a Deas
Gu: Màiri Anna NicDhòmhnaill
Ann an: Càrnan an Iochdair, Uibhist a Deas

Bha i a' ciaradh, le frois aotroim oirre, nuair a choisich Dòmhnall Iain am fichead slat on taigh aige chun a' bhothain-fòn. Bha am bogsa dearg sin air a bhith ri taobh taigh nan Clèireach o bu chuimhneach leis, deagh threis mun do bhristeadh uilinn Ailig Bhig eadar an doras trom is a' ghaoth.

"Pressing Button A," dh'èigheadh athair, gu sùrdail, a' dinneadh nan sgillinnean ùra gleansach thro bheul meirgeach – ged a b' fhada o thugadh air falbh putan A agus putan B, mas e fìrinn na cùise gu robh iad riamh ann.

Bidh Dòmhnall Iain a' fònadh gu Màiri Anna, a bhanacharaid, a h-uile Dihaoine mun àm seo, airson brath a chur thuice gu bheil a' bhan aig Mìcheal a' Bhodaich air cuairt a chur air muinntir a' chinn a-muigh agus gu bheil an t-àm aice a còta a chur uimpe is a h-aghaidh a thoirt air ceann na h-ùdraid. Bha coltas glè mhath air na brussel sprouts. 'S iad a bhiodh riochdail, bruich is am bogadh ann an sùgh milis na feòil-Dòmhnaich.

"Very good, ma-tha, a Dhòmhnaill Iain," ors ise san dealach-adh, is theann i ri putain mhòra chruinne a dhùnadh le a crògan cnuaichdeach.

Saoghal san àbhaist chianda gun dad a' caochladh.

Cha b' ionnan is an oidhche fhiadhaich a dh'èalaidh Dòmhnall Iain na bhreislich chun a' bhogsa a' sireadh cobhair airson a mhàthar. Bha a' chailleach bhochd air stairsneach flathanais a ruighinn fliuch agus salach. Pears'-eaglais no dotair an toiseach?

Cha robh e gu cus diofair, chaidh an dithis aca far an rathaid. An dotair an comhair a chinn ann an Loch Bì anns an Triumph Herald a chunnaic Mac an t-Saighdeir Mhòir mun robh rathad idir ann. Fhuaireadh Mgr Iain air chall ann an ceò mu Chidhe Loch Sgiobairt. Calum Dhòmhnaill a chaidh a ghairm gus a dhol ga iarraidh, duine iongantach, duine nach leigeadh na manaidhean leis cadal. Cha sguireadh iad a chur a-staigh air a bhruadaran.

'S ann gam feitheamh a bha Dòmhnaill Iain, air a mhùgan is air a mhàgan eadar am bogsa dearg agus leabaidh na caillich. Bho mheadhan-oidhche gu trì uairean sa mhadainn. Cha robh sìon a dhùil aige ri Calum Dhòmhnaill. Esan a threòraich an sagart thron cheò, esan a sheall dha an rathad a-mach dhan iar, esan a rinn cinnteach gun deach bathais agus anam a' bhoireannaich bhochd ungadh le Sàcramaid na h-Ola Deireannaich. Calum Dhòmhnaill cuideachd an aon duine ac' a chunnaic an cù mòr dubh na sheasamh air a chasan-deiridh am meadhan an rathaid mhòir.

"B' Eòlach do Sheanair air Bothain-fòn," ors am Bearradair Maol

Cò: Gregor Holmes
A' fònadh à: Stèisean Waverley, Dùn Eideann
Gu: Thelma Holmes
Ann an: Wakefield, Sasainn

"'N tusa a tha sin, Thelma?"

"Cha mhi."

"Gregor a th' ann."

"Cò tha sin?"

"Thelma!"

"Dè an cor a th' air an dollybird an-diugh?"

"Thelma, chan e dollybird a th' innte."

"Dè an t-ainm a thuirt thu a thug iad oirre?"

"Dè an diofar?"

"Dè an t-ainm a th' oirre, Ghregor, no 'n i tèile a th' agad a-nis?"

"Chan i, gu dearbha chan i – tha Tracey . . ."

"Ainm dollybird a tha sin!"

"Thelma, tha mi, tha sinn ann an Dùn Eideann. Tha mi fònadh às an stèisean."

"Dùn Eideann. Nach sona dhuibh. Gu math nas togarraiche na Wakefield, thèid mi an urras."

"Tha feadhainn as aithne do Tracey a' fuireach an seo."

"Harem de hairdressers agus Gregor beag rùisgte ach na h-Argyll patterns nan teis-meadhan."

"Thelma, bidh Tracey a' toirt comhairle seachad air fasan agus ìomhaigh. Cha bhi i gearradh fuilt ann."

"Is dè a' chomhairle a thug i ortsa, a thrais? Cuir air a' fòn i, ma-tha, agus bheir mise comhairl' oirrese, fiach deich bliadhna fichead dhith."

"Chan eil i an seo an dràsta, Thelma. Tha i ag obair."

"Is dè bhios Gregor a' dèanamh nuair a bhios Tracey a-muigh a' cosnadh dha?"

"Uill, bidh mi, tha mi a' coimhead airson obair. Tha gu leòr ri dhèanamh mun taigh."

"Fear nach togadh a thòn far . . . Nach nach ann ort a thug am puinnsean an dà latha!"

"Ciamar a tha Malcolm a' faighinn air adhart?"

"Cho math 's a ghabhas. Prelims aige airson na h-A-levels an ath mhìos – a' bhliadhna as cudromaiche na bheatha, agus athair, às a bheil e cho moiteil, air a thrèigsinn airson bimbo. 'S cinnteach gun fheàirrde a chuid sgrìobhaidh e, ge-ta. Dè an sgiamh oillteil a tha sin, a Ghregor?"

"Comhartaich."

"'N ann aig stèisean no ann an taigh-chon a tha thu, Ghregor?"

"Tha poodle bheag aig Tracey. Bidh mi toirt a' chreutair air chuairt an dràsta 's a-rithist. Reuben, sguir dheth, chan e seo an t-àite."

"Mar sin leat, a Ghregor."

"B' Eòlach do Sheanair air Bothain-fòn," ors am Bearradair Maol

Cò: Harry MacThòmais
A' fònadh à: Tesco, An t-Òban
Gu: Aonghas MacThòmais
Ann an: Rathad Aird Chonail, An t-Òban

Dà fhichead mionaid mun do thog Harry MacThòmais am fòn taobh a-muigh taigh-beag phàrantan le pàiste (air cùl na glasraich agus dà shreath bhon bhùidsear), bha e air a bhith feitheamh pàigheadh airson dusan rud anns an loidhne a tha air a chur air leth do dhaoine aig a bheil deich nithean rin ceannach aig a' char as motha. 'S ann air Eòghainn MacIlleDhuibh, òigear an fhuilt ùir, a bhuilicheadh an dleastanas taitneach an latha sin.

"'S àbhaist pasgain de cheithir a bhith agaibh," orsa Harry, a' sealltainn le làimh dheis nan trì crogan a bha seòladh a dh'ionnsaigh innealan acrach Eòghainn. "Le pasgan de cheithir, bhithinn dìreach aig an deich."

"Heinz Ravioli, Tesco Spaghetti Bolognaise, HP Sausages and Beans in a mild Chilli sauce," dh'fhuaimnich Eòghainn gu pongail is e gluasad dhìnnearan agus lathaichean Harry tè mu seach thron scanner aige. "Chan eil cuimhn' a'm riamh pasgain de cheithir a bhith againn anns nach robh ach trì chrogain de bhiadh eadar-dhealaichte is iad uile nam brands diofraichte, ach dh'fhaodainn a mholadh aig an ath choinneamh-obrach. Smaoinich air na chùmhnadh iad air a' cheathramh crogan. Cha toireadh duine gu bràth an aire nach robh e idir ann. Bheireadh tu an car asta buileach glan, a h-uile uair. Three for the price of four!"

"'N e dath a tha siud a tha agad nad fhalt, 'ille? Am purpaidh sin. Chan eil thu dol a dh'innse dhòmhsa gur ann mar sin a dh'fhàg Dia thu." Bha Harry air speuclairean a chur air.

"Six pounds forty-five," fhreagair Eòghainn.

"'N do chosg e sin ort? Chaidh do robaigeadh, a laochain. Cha phàighinn-sa bonn-a-sia airson m' fhalt a bhith air a sgrios mar sin."

"Seach gu bheil sgall agad, cha chanainn gun fheumadh . . ."

"Agaibh! Seach gu bheil sgall agaibh! Dè tha mi ag ràdh, seach gu bheil sgall *oirbh*! Rud nach eil orm! Tha deagh cheann fuilt orm airson fear dhem aois, a chionn agus nach do mhill mi riamh le dathan mì-nàdarra e."

"Bheil thu idir a' dol a phàigheadh?"

"Bheil thu smaointinn gum bi thu nad tharraing dha na boireannaich le dath purpaidh nad fhalt? Chanainn fhìn gur ann an rathad eile a thèid cùisean . . ."

"Tha six pounds and forty-five pence agad ri thoirt dhomh mu choinneamh an dusan rud a chuir thu nad bhasgaid is a thug thu dhan deasg seo a dh'aindeoin na soidhne mòire sin os do chionn leis an àireamh 10 air a peantadh ann an dearg."

"Mar sin an tug thu dhaibh barrachd air sia notaichean? Cuiridh mi geall gun tug. Abair cùis-mhagaidh – tha e dìreach muladach, 's e tha. Fhios agad, cha ghabh falt tilleadh mar a ghabhas, can, lèine, mura toigh leat i."

"Cha tuirt mise," orsa Harry ri Aonghas, "nuair a chaith am bugair am pocan plastaig thugam, ach nach ruigeadh e leas a bhith cho greannach, is nan robh barrachd sùim aige ann a bhith frithealadh luchd-ceannaich na bha aige na fhalt gum biodh . . ."

"Dia gam shàbhaladh, Harry," orsa a bhràthair òg, na deòir a' brùchdadh mar fhuil.

"Gheàrr e cruinn-leum às mo dheaghaidh, Aonghais. A-mach on *till*. Tha mi cinnteach nan robh e air beireachdainn orm gun biodh e air mo mhurt. Tha mi air a bhith am falach an taigh-beag do phàrantan le pàistean o chionn còrr air leth-uair an uaireadair, dìreach a' cumail sàmhach is a' smaointinn mu dheidhinn ghnothaichean. Fhios agad air a seo: dhìochuimhnich mi sardines a cheannach, 's toigh leam sardine bheag air toast an drast' is a-rithist, ach tha mi smaointinn gum fàg mi an-diugh iad, Aonghais – dè?"

Cò:	Gillian Jones
A' fònadh à:	Club 30, Meadhan Ghlaschu
Gu:	Graham Jones
Ann an:	4 Southbrae Drive, Cnoc Iòrdain, Glaschu

Gu fortanach, rinn i latha brèagha dhaibh. A' chiad bhliadhna. Bha an dithis aca air gealltainn gun biodh iad dheth còmhla. Esan, Graham, far Ard-Sgoil Naomh Augustine, far an robh e air a bhith teagasg Physics o chionn seachd bliadhna. Ise, Gillian, far Bun-sgoil Chnoc Iòrdain (clas a còig Miss Hagen). Sgrìobh iad litrichean dha chèile an oidhche sin is chuidich sin iad gu ìre len dorran.

4 Southbrae Drive
Cnoc Iòrdain
Glaschu
G13 1PX

23 An Lùnastal 1991

Miss Hagen Chòir,
Tha mi duilich nach robh e comasach do Ghillian a bhith an làthair san sgoil an-dè ged as e seo direach a' chiad seachdain de bhliadhna na sgoile. Bha aice ri flùraichean brèagha purpaidh a bhuain is a chàradh air uaigh a màthar.

Mar a tha fhios agaibh, chaill sinn gu h-ealamh i air an dearbh latha sin an-uiridh.

"B' Eòlach do Sheanair air Bothain-fòn," ors am Bearradair Maol

Tha Gillian ag ràdh gu bheil i ro dheònach obair-dachaigh an-diugh agus an-dè a dhèanamh a-nochd dhuibh.
Tha mi an dòchas gu bheil seo iomchaidh leibh.

Mise le spèis,
Graham Jones (athair)

Bha tè Gillian beagan na bu ghiorra, agus 's ann chun a' Mhaighstir-Sgoile, Mr Burke, a sgrìobh i i.

4 Southbrae Drive
Cnoc Iordain
Glaschu
G13 1PX

23 An Lùnastal 1991

Mr Burke Chòir,
Bha mi fhìn is Dadaidh còmhla an-dè a' cuimhneachadh air mo Mhamaidh, Rosemary Jones. Chaidh i a thaigh Dhè an-uiridh is tha i a-nis còmhla ri Graham beag.
Tha mi tuigsinn gun do dh'fhàg Dadaidh obair aig a-h-uile clas aige.

Gach dùrachd,
Gillian Jones (nighean)

"Greas ort, Gillian," orsa Rab. "Tha fòn ann a shin. Dìreach can ris gu bheil bataraidh na mobile air falbh ort is gu bheil feadhainn a' dol air ais gu taigh Joan airson cupa cofaidh."

"Joanna a th' oirre. Cha chòrd e ris idir. Tha e smaointinn gu bheil mi san Oilthigh leatha."

"Dad, hi, Gillian an seo. Bha! . . . bha fìor dheagh oidhche againn, tapadh leibh.

"Tha Joanna air iarraidh oirnn . . . tha sinn a' dol ga coiseachd dhachaigh. Fònaidh mi airson tagsaidh às a sin – ok?

"Ok, Dad. Dè? Nach eil fhios agaibh gun toir . . . Agus oirbhse cuideachd. Bye."

Shaoil le Graham gun cuala e an doras-cùil a' fosgladh is a' dùnadh mu thrì uairean sa mhadainn, ach nuair a chaidh e staigh a sheòmar Gillian beagan ro mheadhan-latha, cha robh ri fhaicinn na leabaidh ach Jock, an seann teadaidh a thug iad dhi nuair a bha i seachd.

Cò: Raymond Pike

A' fònadh à: Oisean Sràid Union agus Sràid an Rìgh, Obar-Dheathain

Gu: Edmund Taylor

Ann an: Obar-Dheathain

17.30 01224 634872 – *Chan e sin e.*

17.32 01224 638941 – Tha mi duilich dragh a chur ort.

17.34 01224 637654 – *Chan e a bharrachd. Cà bheil thu, bhalaich?*

17.36 01224 639211

Air an t-seachdamh seirm: "Chan eil duine a-staigh an dràsta, fàg brath agus fònaidh sinn thugad."

"Ed, mise a th' ann, Raymond. Ma tha thu an sin, an tog thu am fòn?"

17.40 "Hello, Ed, bheil thu an sin? Eh, Raymond a-rithist. Feumaidh gu bheil thu gun tilleadh dhachaigh on oifis mhòr, eh, fònaidh mi ann an ceann còig mionaidean."

17.45 "Ed, Raymond a-rithist. Tha fhios gu bheil na rathaidean diabhalta mun am seo a dh'oidhche. Tha mi air Obar-Dheathain a ruighinn mu dheireadh thall, gu dearbha cha tàinig mòran atharrachaidh air an t-sìde. Cho fuar ris a' phuinnsein, a mhate. Dè chanas sinn, ma-tha?

Ceart, thèid mise dhan Khirkgate an ceartuair, fanaidh mi an sin gu mu chairteal an dèidh seachd, gheibh mi *Evening Express*, òlaidh mi aon fhear air mo shocair, bidh mi ceart gu leòr. Às a dheaghaidh sin, chan eil fhios a'm de bu chòir dhuinn . . . mionaid bheag, tha tuilleadh airgid a dhith air a' . . . *bugger it.*"

17.53   "Ed, chan eil agam ach fichead sgillinn air fhàgail. Fàgaidh mi an Kirkgate aig cairteal an dèidh seachd agus thèid mi dìreach dhan Omar Bengal aig mullach King Street. Cha bhi mi mionaid a' coiseachd ann. Mar sin chì sinn a chèile anns an dara fear aca, Kirkgate no Omar Bengal. Pinntean agus Pakora ma-tha. Ma tha thu salach agus ag iarraidh fras, direach gabh tè, Ed – ok. Tha fadachd orm gu 'm faic mi rithist thu, a dhuine. Nach fhad' on uair s . . . *chaidh againn air sin a chur air doigh co-dhiù, treis mhòr o nach robh mise sa Khirkgate.*"

Bha Raymond agus Edmund air a bhith san Oilthigh còmhla. Uill, bha an dithis aca anns an aon Oilthigh aig an aon àm. Thachradh Edmund ri Raymond an dràsta is a-rithist sa chiad bhliadhna nuair a bhiodh iad a' feitheamh an dìnnearach ann an Taigh-còmhnaidh Chrombaigh (daonnan hamburgers mhòra righinn le beans air feasgar Disathairne). Corra uair dhèanadh e beagan còmhraidh ris mu bhall-coise is a leithid; fhuair athair Edmund dà sheusan aig Dùn Dèagh, 1951-53. B' urrainn do Raymond ainmeannan sgiobaidhean Obar-Dheathain sna trì-ficheadan aithris gun aimlisg 's gun anail a tharraing. Bha iad uile beò air bàrr a theangadh, tràth sna h-ochdadan.

A' bhliadhna mun do cheumnaich Edmund le urram ann an Eaconomaidh Fearainn, bhiodh e fhèin, Jessica, Robin agus Wil a' tadhal sa Khirkgate air an rathad gu biadh ann an Gerrards no gu soirée an taigh Pamela mòire. Bha an Kirkgate caran inntinneach leotha uile: thachradh tu ri sgaoilteach mhath dhaoine ann, tòrr charactaran annasach. Chìte geansaidh glas Raymond Pike na ghurraban os cionn a' phàipeir gu math tric ann. Shuidheadh e daonnan fon T.V. B' aithne dhan a h-uile duine Raymond.

An dèis dha mu bhliadhna a chur seachad ga lorg fhèin, eadar Sìona agus Astràilia le tè bhàin eireachdail dham b' ainm Rebecca, thill Ed a Bhreatainn. Lorg e obair gun dragh aig *Moch-Mhadainn*, companaidh margaidheachd ann am Manchester, agus phòs e Jessica. Cha tàinig e an gaoth na h-Alba tuilleadh. Bidh iad an-diugh a' cur seachad a' gheamhraidh ann am Bordeaux agus an còrr dhen ùine nan dachaigh ann an Tunbridge Wells. Taigh mòr Seòrasach air fichead acair a dh'fhàgadh aig Jessica an dìleib a h-athar. O chionn ghoirid tha Jessica air a bhith ag obair air Ed mu iad a bhith tilleadh a dh'Obar-Dheathain airson deireadh-seachdain. Dìreach an ceathrar aca.

"Saoil co dh'aithnicheamaid ann? Cò bhios anns a' Khirkgate a-nochd?"

"Bidh geansaidh glas Raymond Pike is a phàipear ann gu cinnteach. Sin aon fhear nach fhàgadh an t-àite sin gu bràth. An d' fhuair e riamh ceum? Dè bha e dèanamh co-dhiù?"

"Statistics, nach e!"

"Ha, ha. Nach iad a tha fortanach, oileanaich an là an-diugh: ma tha fiosrachadh a dhìth orra mu bhall-coise, chan fheum iad ach rannsachadh san eadar-lìon. Seachnaidh iad an samh is an smugaid."

"Na bi cho mì-chneasta, Edmund!"

Leis nach do nochd Ed, an oidhche sin – cùis-obrach bu

choireach, 's cinnteach – b' fheudar do Raymond a phinntean-
san òl sa Khirkgate (*80 Shilling a bhios an còmhnaidh aig Ed*).
Dh'ith e dà choiridh cuideachd san Omar Bengal. Moghul
Madras dha fhèin agus Roghan Josh Chirce dhan fhear ris an
robh e feitheamh (*Gabhaidh tu an àbhaist, Ed, dè?*). Roinn e
bobhla ruis is aon aran-nain gu faiceallach eatarra (*An tug mi
dhut gu leòr, ma-tha?*).

'S ann air èiginn a rug Raymond air an trèan mu dheireadh
a Ghlaschu. Turas fada ann an toileat. Co-dhiù, cha b' fhada gu
'm biodh e tilleadh air an dearbh rathad. Ged nach do nochd
Ed, bha e air còrdadh ris a bhith ann an cuideachd dhaoine is a
bhith air ais ann an Obar-Dheathain. Bha e air cur roimhe gun
coinnicheadh e fhèin agus Wil an ceann cola-deug. Cha robh
e cinnteach fhathast de dhèanadh iad. Uill, pinnt sa Khirkgate
an toiseach, dìreach mar anns na seann lathaichean. *Guinness
a bhios Wil ag òl fad an t-siubhail.* An uair sin chitheadh iad dè
an triom anns an robh iad. Math dh'fhaodte gun rachadh iad
còmhla dhan Chasino. Bha àireamh-fòn no dhà aige airson
Wil.

"B' Eòlach do Sheanair air Bothain-fòn," ors am Bearradair Maol

Cò: Angusina NicIllEathain
A' fònadh à: Taobh a-muigh a' Gholden Fry, Baile Ghobhainn, Glaschu
Gu: Karen Mhoireasdan
Ann an: 14 Avenue na Banrigh, Queens Park, Glaschu

O chionn sia mìosan bhiodh Dòmhnall air toirt air Karen leigeil leis an inneal a fhreagairt an toiseach. Cha robh math dhi aon fhacal a ràdh ri Zena. Bha iad le chèile, mar theaghlach aig an robh an duilgheadasan fhèin, air gu leòr fhaclan is ùine is airgid a shadail a dholaidh air an tràill ud. Ach cha robh Zena air dragh a chur orra o chuir iad a-mach às an taigh i as t-earrach. Nuair a dh'fhalbh am fòn, bha Dòmhnall trang a' cuideachadh Brian is Marjory len còtaichean.

"Zena a th' ann," ors ise. "Na cuir sìos am fòn orm, Karen. Chuala mi mud athair. Tha mi fiadhaich duilich. Bha mi dìreach ag iarraidh sin a ràdh riut."

"Uill, chan eil mòran a ghabhas dèanamh a-nis, a bheil?" Bha bior a' phèin is na feirge ga losgadh. "Ach tapadh leat airson sin. 'S fheàrr dhomh falbh, tha feadhainn a-staigh air chèilidh. Thèid Dòmhnall às a rian."

"Tha sin gasta. Bha mi faireachdainn gun fheumainn bruidhinn riut, an dèidh a h-uile nì a rinn thu dhuinne."

"Ciamar a tha Calum?"

"Glè mhath. Tha e fhathast a' failleachdainn air cudrom a chur air, ach tha e toilichte gu leòr. Bidh tè ga ghabhail bhuam treis a h-uile latha. Chì e feadhainn bheaga eile an sin leathase is tha sin a' còrdadh ris."

"Is cà'il sibh fuireach? An deach thu dhachaigh a Thiriodh?"

"Cha deach. Tha sinn ann am flat còmhla ri feadhainn eile."

"Cò còmhla ris?

"Feadhainn as aithne do Bhen."

"Ben! Christ, Zena. Boireannaich air fad, no a bheil e a-nis san eaglais?"

"Feumaidh mi airgead fhaighinn an dòigh air choreigin."

"Bha gu leòr airgid agad fad na bliadhna a bha thu fuireach an seo. Airgead, biadh, blàths. 'S ann a bha Calum a' sìor dhol am feabhas. Ach cha robh siud gu leòr dhusa. Dh'fheumadh tu a h-uile sìon a mhilleadh ort fhèin."

Nuair a thuig e cò ris a bha i bruidhinn, spìon Dòmhnall am fòn à làimh a mhnatha is shàth e e fhèin na bhad mar fhear ag èigheachd nan creach ann am fiabhras.

"Na fòn an seo, Junkie! Na fòn an seo, a mhèirlich! Na fòn an seo, a shiùrsach!"

As t-samhradh eadar a bhith fàgail na bun-sgoil is a' gluasad dhan àrd-sgoil, chuir Angusina agus a piuthar Catrìona ùine mhòr seachad a' falbh nam machraichean is nan cladaichean a' siubhal gach seudam sìorraidh na b' fheàrr na chèile a bhiodh feumail airson an cleasan aighearach.

Bha an t-adhar gun aon sgleò a' cur smal air, an latha rinn iad banais, ma b' fhìor, ann an lùchairt Cheann a' Bhara – dreasaichean a bhiodh air am peathraichean aig bàl air an ceangal le cnota mòr ribein mun mheadhan. Brògan fìnealta nach coisicheadh ach cuagach eadar na gnobain.

Thug iad fad na maidne a' toinneamh agus a' cur cumadh rìomhach air a' chrùn shìtheanan a rachadh air ceann Angusina. Bha crùn na maighdinn dìlis aice a cheart cho brèagha.

"B' Eòlach do Sheanair air Bothain-fòn," ors am Bearradair Maol

Cho brèagha agus nach b' urrainn do Thormod Lachlainn, a thàinig orra gun fhiosta, innse cò aca bu bhean na bainnse.

"Pòsaidh sibh," ors an seann fhleasgach, "dithis phrionns-aichean air an aon latha."

Agus le sin, leum e air a thractar, a bha tarraing eallach math feamad air a chùl.

Cò:	Asala
A' fònadh à:	Café East, An Eaglais Bhreac
Gu:	Nadia
Ann an:	Peshawar, Pacastan

An dèidh dhi an còigeamh leabhar làn bhoireannach geala bòidheach aig Sharon fhaicinn, dh'iarr Asala oirre fhèin stoidhle cheart a thaghadh. Dè am fios a bh' aicese mu ghruaig Albannaich. 'S ann do Sharon a b' fheàrr a b' aithne na thigeadh rithe; sin an obair aice. Fhad 's a ghearradh i gu goirid i, bha i coma. Bha fàileadh a' pharafain a' bìdeadh a cuinnleanan is a' toirt oirre bhith sreathartaich air an sgàthan sgàinte.

"'S e as riatanaiche," ors Asala rithe, "tòrr mòr dhualan dorcha fhaicinn air an ùrlar agus cuailean soilleir goirid fhàgail shuas ann a sheo."

"Tha na sùilean agad gu math dorcha cuideachd," orsa Sharon, is i dol fodha annta airson tiotain. "Cha mhòr nach saoileadh tu gur ann a' sìor fhàs nas duirche a tha iad mar a tha do chòmhdach brèagha ga thoirt dhìot. Ged a dh'iarrainn-sa a dhèanamh, cha b' urrainn dhomh m' fhalt fhaighinn seachad air mo ghuailnean. Bidh e fàs cho ribeagach. Tha mise air a bhith bàn o bha mi còig-deug, bha mi car donn-ruadh roimhe sin: seall na mailghean – uill, na tha air fhàgail dhiubh. Chan eil fhios a'm idir co-dhiù tha spòrs nas fheàrr air a bhith agam nam bhlonde . . . car doirbh a ràdh. Bheil thu air do làithean-saora a chur air dòigh fhathast?"

"Chan eil."

"A' chuid as motha de dhaoine mar sin am bliadhna, cha chreid mi nach eil iad dìreach air an ragadh, agus 's beag an

t-iongnadh. 'S abhaist dhan a h-uile rud a bhith agam deiseil
fada ron a seo, ach chan eil am bliadhna. Fhios agad, tha mi air
sùil a thoirt air na brochures ceart gu leor, ach cha mhòr gu bheil
mi air aon chàil eile a dhèanamh ach sin fhèin. Mind you, fhuair
mi paidhir shorts snog sna Sales – ann am Miss Selfish, seòrsa de
lime-green. Tha mi an dòchas gun tèid iad orm as t-samhradh."

"Dìreach."

"Bheil thu ag obair, Ash . . . ?"

"Asala."

"Asala. Asala!"

"Fhuair mi obair an ath doras, ann an Café East. Bidh mi
tòiseachadh a-màireach. 'S e am boss Barry, shaoil leis gum
bithinn a' coimhead na b' fheàrr nam biodh dreach caran na
bu . . . eh . . . na b' òige air mo ghruaig. Tha agam ri biadh is
deoch a thoirt do dhaoine aig a' bhàr is aig na bùird."

"'S aithne dhomh Barry gu math. Balach a th' ann am Barry,
feumaidh tu an aire a thoirt, Atchara – feumaidh agus a-h-uile tè
ùr. Ach chan eil cus croin ann ma thèid agad air a làimhseachadh
ceart. Cha leiginn leis an t-salchar tighinn an còir an àite seo fad
bliadhna. Tha sinn gu math pally ri chèile a-nis. Bean laghach a
th' aige cuideachd, Sylvia. Boireannach àrd eireachdail, 's bochd
nach b' urrainn clann a bhith aice, direach tragic, agus i còmhla
ri Barry. Bidh i tighinn an seo daonnan, 's toigh leatha seòrsa
de 'bob' ach e bhith gu math shaped aice cuideachd, fhios 'ad,
feumaidh mi an siosar a thoirt gu math teann dha na cluasan
aice. Bheir i gàire ort, Sylvia, rud ùr a' dol aice an còmhnaidh.
Bidh i cur earrings glè shnog oirre – seadh, tha mi minigeadh,
snog dhìse, ma tha thu tuigsinn."

Bha bogsa-fòn anns a' phreasa bheag a b' aca mar sheòmar-tì ann an Café East. Coltas air nach bu chòir dha a bhith ann tuilleadh, ach nach do mhothaich duine dha nuair a chaidh an t-àite a leasachadh mu dheireadh.

Shaor i a' chairt-fòn on phlastaig thana is chuir i air bàrr a' bhogsa i far an rachadh aice air na h-àireamhan a leughadh.

Dathan a' Bhogha-fhrois'
Dol tarsainn an t-saoghail
Àireamh 0800 a' chompanaidh.
Àireamh na cairt aice fhèin.
Àireamh a peathar, Nadia.

Dàil mhòr.
Seirm fhada shlaodach mar ghaoith thro uamhaidh.
Fàileadh searbh às a' receiver mar sheann sgeith.
Cha robh còir aice bhith muigh aig seachd uairean sa mhadainn.

"Madainn mhath, Salaam alaikum, a phiuthar."

"Walaikum as . . . Asala! Dhùisg thu mi. Cà bheil thu?"

"Tha mi ceart gu leòr, Nadia, a ghaoil."

"Asala. Bidh e tighinn an seo glè thric. Bidh mi toirt dha cofaidh làidir agus suiteis mhilis. Chan urrainn dhomh an còrr a thoirt dha."

"Chan urrainn gu dearbha. Sin thu fhèin, Nadia. Na toir an còrr dha. Fònaidh mi a-rithist. Air m' onair. Beannachd leat."

'S e pinnt lager agus Bacardi Breezer a thug i chun an dithis nighean somalta a shuidh fo dhealbh Ghandhi. Bha Asala cinnteach gun cluinneadh Sharon an còmhradh àrd san *salon* an ath-doras. Dh'fhàg an tè leis an t-seacaid leathair pòg mhòr phurpaidh air beul na glainneadh.

"B' Eòlach do Sheanair air Bothain-fòn," ors am Bearradair Maol

Cò: Heidi Bergmann agus Karl Zummermann
A' fònadh à: Stèisean-Bus a' Ghearastain
Gu: Mrs Joan MacLeod
Ann an: Caol, An Gearastan

"Hello, Ben Nevis View," orsa Joan gu cinnteach is i freagairt a' fòn-airgid a fhuair Charlie nach maireann air a chur a-staigh dhan phoirds. "Faodaidh iad sin a chleachdadh," thuirt e gu gruamach. "Cumaidh e a-mach às a' chidsin iad len cuid leisgeulan."

"Lorg sinn an àireamh," orsa Heidi, "ann an leabhar Lonely Planet air Alba a thug caraid dhuinn, Margot. Bha i anns an dachaigh agad ann an Giblean 97, sgrìobh i ainm agus àireamh le peann dearg."

"Uill, uill," orsa Joan, "agus thug e cho fada seo mun do dh'fhòn sibh."

"Am bi sibh fhathast a' tairgsinn seirbheis leabaidh agus bracaist?"

"Bithidh, a ghràidh, B and B. No C, dìreach an dà Bh."

"Is dithis sinn. Gille agus nighean. Fuirichidh sinn anns an taigh agad dà latha a-mhàin, a-nochd agus oidhche màireach, ceart. Bheil dà sheòmar-cadail falamh agad?"

Nach math gun d'fhuair iad an number, 's e gle bheag a bha ga lorg sna lathaichean sa. Leithid a rodain a' criomadh nan leabhraichean. Duilleagan a' tuiteam far nan craobhan nas tràithe a h-uile bliadhna. Leapannan gu leòr aice, pailt cho math iad a bhith cur orra an aodaich.

'S ann car anns an dol seachad a dh'inns Joan dha mac, Robert, gu robh dithis òga Ghearmailteach gu bhith fuireach aice airson oidhche no dhà.

"Trì, cha chreid mi. Thuirt mi riutha gum faodadh iad a bhith seo cho fada 's a thogradh iad. 'Toothpaste agus tangerines gu leor dhuibh anns an taigh seo, cumadh sibhse an t-airgead agaibh.' Cha bhi an gille ag ithe brochain ann, bheir mi kippers dhàsan. Ithidh ise an rud a bheir mi dhi."

Làrna-mhàireach, 's e Robert a thàinig a thoirt dhaibh a' bhracaist ged a bha coinneamh chudromach aige sa Bhanca Rìoghail, a' tòiseachadh aig leth-uair an dèidh naoi.

Thug e leis an dithis à Berlin an Ear a-staigh dhan bhaile. Chàirich e na bagannan-droma aca gu faiceallach air gach taobh dhe mhàileid dhuibh. Dh'inns e dhaibh mu thuras air an deach e fhèin is a bhean dhan Nirribhidh mun robh clann aca. 'S ann a' snàmh anns na fjords a bha Angela. Gheall e gun dèanadh e cinnteach gum faigheadh muinntir an Ionad Thurasachd deagh àite dhaibh sa Ghearastan airson na h-oidhche sin. Cha leigeadh e leotha sgillinn ruadh a thoirt dha airson na h-oidhche roimhe ann am Ben Nevis View.

"An tàinig thu a-staigh a ghoid searbhadair orm thron oidhche?" dh'fhaighneachd Heidi de Kharl, barraill thiugha a bhrògan-sreap gan teannachadh na làimh. Bha an dian-dhìreadh air blàth taitneach a thoirt na gnùis chaoil.

"Cha tàinig," orsa Karl, "carson?"

"Tubhailt-bùird a fhuair mise, air a cur am falach gu sgiobalta fom chluasaig. Leis cho grinn 's a bha i air a fuaigheal, Karl, cha bu dùraig dhomh a cur faisg air mo bhodhaig ghrànda."

Thug Robert sgathair is òrd a thaigh a mhàthar an oidhche sin is reub e am bogsa-fòn far balla a' phoirds. Chitheadh i Beinn Nibheis fhathast, ge-ta, nan togradh i.

"B' Eòlach do Sheanair air Bothain-fòn," ors am Bearradair Maol

Cò: Evelyn Nic a' Ghobhainn
A' fònadh à: Ospadal nan Eilean, Steòrnabhagh
Gu: Sam Richards
Ann an: Tairbeart na Hearadh
4.25 a.m.

'S e duine beag reamhar a bha ro Evelyn aig a' fòn taobh a-muigh cafaidh na League of Friends (treis mun èireadh na leadaidhean a bha sin, ge-ta). Bha lòn fallais air a lèine pholyester liath a steigeadh ris a' ghaoisid thiugh air a dhruim. Thug e na cuimhne Ian Beale às *Eastenders*.

"Hello, gorgeous. 'S e athair gu math moiteil a tha gad chur aiste tràth sa mhadainn an-diugh. Athair, fuirich ort, Marnie Donalda Whittaker, a rugadh eadar casan mo mhnatha uasail aig 4.10 a.m. Deich puinnd and dà unnsa, an can mi rithist e: deich puinnd agus dà unnsa mhòr a bharrachd. Bruichidh iad gle mhòr iad sna h-àiteachan seo.

Dè bha siud, Mam? Marnie! *M-a-r-n-i-e.*

'S e gu dearbha, 's e deagh ainm air nighean a tha sin, shaoil mise gur e *y* a bhiodh aig an deireadh, ach tha Cats ag ràdh gur ann le *ie* a bu chòir a speiligeadh.

Dè thuirt thu? *D o n a l d a!* Bheil thu ag iarraidh orm sin a speiligeadh cuideachd dhut?

Dè tha thu ciallachadh, dè an seòrsa ainm a tha sin? Athair Cats, Don mòr dubh an Dodaidh. Ainm a h-athar a thug sinn dhi.

Tha iad cho daingeann mu na h-ainmean aca an seo, Mam. Feumaidh ainm an t-seanar a dhol air a' chiad ogha, bheil thu faicinn. 'S ann a tha thu fortanach nach tug e orm Donalda a thoirt oirre mar chiad ainm agus sin gun an *a* aig an deireadh. Ach thuirt e rinn gur ann an urra rinne a bha an gnothach, is bha sin laghach.

Co-dhiù, an do rinn mo Ghranaidh-sa a leithid a ghearain ribhse nuair a thug sibh Nigel ormsa. Dè an seòrsa ainm a th' ann an Nigel? Dè?

B' fheàrr leam gun bruidhinn mu dheidhinn Nigel Baker air an latha aoibhneach seo, ma tha sin ceart gu leòr leat. Tha mi coma ged nach robh dannsair air an t-saoghal coltach ris. Thu fhèin is m' Antaidh Polly a' gal is ag ithe pandrops a h-uile feasgar Disathairne. Tuppence-ha'penny agus trì chrogain-silidh airson faighinn a-staigh dhan Phicture House. An leig thu seachad an òige thruagh agad an-diugh, òinsich?

Cà bheil Dad? Na chadal fhathast? Tha fhios a'm nach eil e ach fichead mionaid gu còig sa mhadainn. Shaoil mi gum biodh gliongadaich nan crogan-silidh air a dhùsgadh. Uill, ma dhùisgeas e gu bràth tuilleadh, an inns thu dha gu robh pàiste aig a' ghille aige, an dàrna fear, Nigel, agus gu bheil coltas a' ghàirnealair oirre mar-tha.

'N d' fhuair e na planntraisgean sin a thuirt mi ris fhaighinn? Carson nach d' fhuair? Ro dhaor, mo thòn. Bha còir aige bhith air an cur dhan talamh o chionn sia seachdainean. Ro fhadalach a-nis, cuiridh mi geall, nas lugha na gheibheadh e beagan phosphate dhaibh. Can ris a dhol a-mach an-diugh, na trì bedding plants mhòra leis na flùraichean dearga a sheall mi dha, air duilleag a sia ann an catalog a' Gharden Centre, a cheannach an-diugh fhèin. Ainm Laidinn a th' orra. Nis, gheibh e NPK an sin cuideachd. Nì pocan beag an gnothach.

Dè bha siud?

NPK? Nitrates, Phosphates and Potassium – sin na trì rudan prionnsapalach a tha riatanach dhan talamh. Dè an rud a tha thu ag ràdh rium? Cà bheil an K ann am Potassium? Cha leig e leas a bhith ann fhad 's a tha Nitrates agus Phosphates còmhla ris.

Can ris gun cus dheth a chur orra idir. Dìreach mu dhà spàin mhòir an t-aon. Nis, feumaidh e sin obrachadh a-staigh dhan talamh – seo far am biodh an compost air a bhith feumail cuideachd. Cha thuig mi gu bràth carson nach eil compost ceart agaibh. Mam, can ris iarraidh air Brian an ath doras mu làn na bucaid dhen chompost aca a thoirt dha, cuir an NPK na mheasg is an uair sin feumaidh tu toll math a dhèanamh agus na planntraisgean a bhogadh le uisge. Ma nì e a h-uile càil a tha sin an-diugh fhèin, 's dòcha gum bi teans agaibh. Ok, bheil sin soilleir?

'S an tug thusa an càr dhan gharaids fhathast? An do rinn iad a-mach riamh dè bha dèanamh na rànail a bha sin – tha mi cho cinnteach gur e na brake pads a bh' ann. Mura b' e agus gu robh mi fuireach anns na diabhail Eileanan an Iar, bhithinn air tighinn a-nuas agus a chàradh mi fhìn. Chan aithne dhaibh frig-all sna garaidses mhòra sin, fhios agad air a sin, chan fhaigh iad ach mu sheachdain de thrèanadh. Chì iad a' tighinn thu, is gabhaidh iad brath air do mhòr-aineolas. Nach tuirt mi ribh gun Fiat a cheannach, ach an èisteadh duine ri Nigel? Nis fuaimean sgriosail a' tighinn às a chuireadh an t-eagal air an dearg mhèirleach. Mam, bheil thu sin? Mam … Maamm … uill, tapadh leatsa. Chan ann a h-uile latha a bhios leanabh aig Nigel Whittaker.

Tha mi duilich – an robh thu feitheamh fada? Dìreach ag innse dha mo mhàthair mun nighinn bhig a fhuair sinn, tha i air a dòigh glan, 's i tha. Nighean Granaidh a bhios ann am Marnie Donalda. Co-dhiù, 's fheàrr dhomh tilleadh, bidh iad ullamh ga fuaigheal gu h-ìseal a-nis, shaoilinn. Chan fhaca mi riamh a leithid a dh'fhuil – theab mi cur a-mach air a beulaibh."

"Tha e seachad," ors Evelyn ri guth Sam, a chaidh a chlàradh a dh'aona ghnothach airson teachdaireachdan mar seo fhaighinn. "Chì mi an ath-oidhch sa Hotel thu, tha fhios."

Bha an teanntachd ghoirt na broinn gun a fàgail fhathast.

"B' Eòlach do Sheanair air Bothain-fòn," ors am Bearradair Maol

Cò: Sara Edwards
A' fònadh à: Am Fasgadh, Gaillimh, Èirinn
Gu: An t-Ollamh Rodwyn Meredith
Ann an: Oilthigh Aberystwyth, sa Chuimrigh

Tlachd

Is dhuibh an tlachd
am measg nam ban,
an lùib nam boireannach bòidheach.

Measg
nam ban bàna,
lùib
nam ban bochda 's
nam bàn dorcha
mealtainn
nam beul cama 's
nam broilleach truaillte 's
nam breugan fuasgailte
mùchadh
am beag-nàire 's
am bloigh-tàire

Am bilean balbha
baotha bàthte
lùbadh fur n-àithne.

Sin dìreach criomag dheth. Thàinig e thuice na still eadar trì
spàinean siùcair ann an tì laig agus digestives air an cnàmh nan
criomagan. Leatha fhèin – cha robh sin na annas, ann an oisean

lom, seòmar làn ghòragan dhe seòrsa ag ithe is ag ithe a chèile. Crith na làimh a' dèanamh a dìchill na briathran aice a sgapadh far na bìdeig-phàipeir air feadh a' bhùird shalaich. Sàbhailte san Fhasgadh ach a' miannachadh cunnart na saorsa tro labhairt dhìomhair na bàrdachd. Bha an dàn ullamh aice an ceann dà latha. 'S ann dhi fhèin a-mhàin a rinn i e, is cha robh a chridhe aice dhol goirid dha a-rithist fad shia mìosan.

Aoife, an key-worker òg bragail aice, a thug dhi bileag na co-fharpais.

"Bha sinn ann an Teach an Cheòil, oidhche Shathairne. Abair seisean ainmeil, Sara. Cò nochd gun fhiosta ach Padaí Ó Seanasaigh – tha guth aig an duine sin mar a' mhil. Thog mi a dhà no thrì dhiubh seo. Am bi thu idir a' sgrìobhadh anns a' Chuimris? Ach cho brèagha 's a tha a' bhàrdachd agad, Sara! Seall seo, 'Thathar a' sireadh dhàn ùra anns na cànanan Ceilteach.' Nis, cia mheud a tha iad a' dol a dh'fhaighinn ann an Còrnais? Saoil, nan cuirinn rud thuca, an aithnicheadh am britheamh nach e Còrnais a bh' ann?"

Aoife cuideachd a fhreagair am fòn nuair a dh'fheuch Rodwyn Meredith ri meal-a-naidheachd a chur air Sara. Ach cha robh duine air a faicinn san Fhasgadh o chionn còrr air seachdain.

"Tha Aoife gad lorg," orsa Rònan, a' toirt bhuaipe a' bhotail Buckfast mun òladh i cus dheth. Bha am bastar Guard sin an impis tighinn far an robh iad a-rithist.

"Fuck Aoife!" fhreagair Sara, a' leigeil ciont aiste a lìon na gàgain air a smiogaid.

Rinn Rònan dranndan gàire.

"Madainn mhath: Oilthigh Aberystwyth."

"Am faod mi bruidhinn ris an Ollamh Rodwyn Meredith ann an Roinn na Cuimris?"

"Mionaid bheag."

Thogadh am fòn sa bhad. "Rodwyn Meredith." Bha guth mòr slàn aige.

"'S e, 's e Sara Edwards a tha seo, bha sibh a' fònadh gu . . . dh'fhàg sibh fios airson mi fònadh air ais thugaibh. Bha deagh naidheachd agaibh ri innse dhomh."

"Deagh naidheachd? Bha, tha, Sara: tha thu air duais a bhuannachadh airson do dhàin 'Tlachd', an dara duais ann an Roinn na Cuimris. Meal do naidheachd. Bha an t-eagal orm nach cluinninn gu bràth bhuat. 'S ann o chionn cola-deug a bha mi bruidhinn ri do charaid, Aoife. Robh deagh holiday agad? Cha robh Aoife cinnteach cuin a bhiodh tu tilleadh. An d' fhuair sibh gu leòr grèine?"

"Bha grian agus fìon am pailteas ann!"

"Nach math sin!"

"Dè an còrr a thuirt Aoife ribh?"

"Cha tubhairt dad, agus cha do leig mi fhìn sìon orm rithe gur ann mu bhàrdachd a bha mi fònadh. Bàrd a th' annam fhìn cuideachd. Feumaidh tu bhith faiceallach."

"Dè a th' agam ri dhèanamh a-nis?"

"Tha gu leòr. Anns a' chiad àite, do sheòladh a thoirt dhomh, airson 's gum faod mi a h-uile rud a chur thugad mu Chuirm nan Duaisean seachdain o nochd. Cha do chuir thu ach ainm is àireamh-fòn air a' bhileig."

"Seòladh. Tha sibh ag iarraidh seòladh?"

"Tha, agus ciamar a bu chòir dhomh d' ainm a sgrìobhadh air an t-seic?"

"Chan eil cash agaibh idir?"

"Cha chreid mi gum biodh sin ro shàbhailte. Carson – a bheil duilgheadas ann? Of course, tha na Euros agaibh a-nis an Èirinn – nach mi tha gòrach! Na gabh dragh, Sara, gheibh mi a-mach an dòigh as fheàrr air a sgrìobhadh."

"Cò fhuair a' chiad duais?"

"Bàrd gu math iomraiteach, Owain Davies. Tha mòran leabhraichean aige."

"*Cùmhnadh nan Eun-falbhain, Am Frith-rathad Flathail?*"

"Shin agad e!"

"'S toigh leam an obair aige gu mòr. Bhiodh e glè mhath tachairt ris."

"Nì thu sin! Sin an dearbh rud a bha mi dol a ràdh. Bha sinn a' smaointinn gum biodh e feumail dha na bàird beagan ùine a chur seachad còmhla. Mar sin, an oidhche ron Chuirm – seadh, Diardaoin 28mh an Lùnastal – cuiridh sinne fàilte oirbh le buffet beag snog anns an Oilthigh fhèin, agus an uair sin ... èist ris a seo: tha ar caraidean ann an Comhairle Cheredigion, iadsan, tha thu tuigsinn, a chuir an t-airgead ris ... tha iad air dà oidhche an asgaidh fhaighinn dhuibh ann an taigh-òsta Dyffryn Castell. Tha an t-àite còrr air ceithir cheud bliadhna dh'aois agus car cosy, saoilidh mi, do bhàird. Tha ùidh glè mhòr aig a' mhanaidsear ann am bàrdachd Cheilteach, tha e coltach. Feuchainn cuideachd ri beagan leasachaidh a dhèanamh aig cùl an togalaich ... tha e air a bhith car doirbh dha cead fhaighinn thuige seo."

"Mar sin, bidh Owain Davies a' fuireach an sin cuideachd?"

"Bithidh, agus deichnear bhàrd às na dùthchannan eile, tha mi an dòchas. Chan eil agad ach do rathad fhèin a dhèanamh gu Aberystwyth. Tha mi duilich – dh'fheuch mi ri beagan airgid fhaighinn bho Chomataidh Phròiseactan na Roinne, ach cha toireadh iad . . ."

"Tha sin ceart gu leòr. 'S e urram a bhios ann. Coma leibh dhen airgead."

"Am faod mi," ors esan san dealachadh, "ceist rudeigin mì-mhodhail a chur ort, Sara?"

"Siuthad, ma-tha, Rodwyn!"

"Bit of a long shot, mar a their iad, ach chan fhiosraich mura feòraich etc. Dè an aois a tha thu?"

"Bidh mi fifty-eight aig deireadh an ath mhìos. Carson?"

"Cha do sgrìobh thu dàn o chionn còrr is dà fhichead bliadhna a bhuannaich duais ann an cò-fharpais nàiseanta? Chan ann à Caernarfon a tha thu o thùs? 'S e dìreach gun do ghlèidh mi fhìn an dara duais aon bhliadhna. Bha mi fhathast anns an sgoil. Cha b' urrainn dhomh a dhol ga h-iarraidh. Ghabh mi a' ghriùrach, gu math dona cuideachd. Ach chuir iad thugam leabhran beag anns an do nochd na dàin a b' fheàrr. Tha e agam fhathast. 'S i tè Sara Edwards, aois sia-deug, a fhuair a' chiad duais le 'Deargagan an Aithreachais'. Bàrdachd chumhachdach bho bhoireannach òg. Bha mi riamh airson faighinn a-mach ciamar a dh'èirich dhi."

"Chan i a sgrìobh e . . . tha mi duilich, ach chan e mise a sgrìobh an dàn sin."

"O, uill, chan eil e gu diofar. Chì mi an ath sheachdain thu."

Bha coinneamh aice am feasgar sin le Aoife. Bha aca ri dhol thron chùmhnant aice gu mionaideach. 'S e seo an cothrom mu dheireadh. Mura cumadh i ris na dh'aontaicheadh iad an turas seo, rachadh, gu cinnteach, a cur a-mach às an Fhasgadh gun an còrr dòigh aice air tilleadh. Bha e an urra rithe fhèin.

"An do dh'fhòn thu riamh chun an fhear sin anns a' Chuim-righ?" dh'fhaighneachd Aoife dhith 's i a' dùnadh dossier tiugh làn fiosrachaidh mu deidhinn.

Bha sùilean Sara air na craobhan anns a' phàirc far am biodh i tric a' caitheamh a beatha.

"Dh'fhòn, ach bha e air mearachd a dhèanamh – 's e cuideigin eile a bha dhìth air."